U0614854

高校体育教学及技能训练探究

李淑玲　著

吉林人民出版社

图书在版编目（CIP）数据

高校体育教学及技能训练探究 / 李淑玲著. -- 长春：
吉林人民出版社，2023.5

ISBN 978-7-206-20245-2

Ⅰ. ①高… Ⅱ. ①李… Ⅲ. ①体育教学－教学研究－
高等学校 Ⅳ. ①G807.4

中国国家版本馆CIP数据核字(2023)第180210号

高校体育教学及技能训练探究
GAOXIAO TIYU JIAOXUE JI JINENG XUNLIAN TANJIU

著　　者：李淑玲

责任编辑：赵梁爽　　　　　　　封面设计：张田田

出版发行：吉林人民出版社（长春市人民大街 7548 号　邮政编码：130022）

印　　刷：河北创联印刷有限公司

开　　本：787mm×1092mm　　　　1/16

印　　张：10.5　　　　　　　　　字　　数：150千字

标准书号：ISBN 978-7-206-20245-2

版　　次：2023年5月第1版　　　　印　　次：2023年5月第1次印刷

定　　价：68.00元

如发现印装质量问题，影响阅读，请与印刷厂联系调换。

前 言

近年来，随着高校体育教学改革的不断深入，高校体育教学理论的研究和探索日益活跃，高校体育教学理论著作也越来越多，这是高校体育教学理论研究和高校体育教学理论教材建设繁荣兴旺的景象，也是体育教育学科越来越走向科学化的象征。

体育在现代社会中的地位与价值逐渐提升，人们越来越重视现代体育的作用。体育的社会功能和作用日益扩大，体育在社会生活中的价值和地位也日益提高，已成为增强人们体质、丰富人们文化生活的一项重要的手段。同时体育与政治、经济、社会发展的关系越来越密切，从一定意义上讲，体育代表了一个国家的综合国力，是社会发展的第一国际性语言。

随着国力的提升、时代的发展、社会体系的完善，国家社会需要更多、更优秀的人才。因此，素质教育从本质上来说就是着眼于学生和社会的长远发展要求，面向全体学生，以全面提高学生的基本素质为根本目的，造就适应社会主义建设需要的高素质人才，并以灵活多变的教学内容，师生、生生互动的教学方式激发学生的学习兴趣，对培养社会主义高素质复合型人才发挥重要作用。

本书主要研究高校体育教学与技术训练方面的问题，以及丰富的体育教学与运动训练知识。主要内容包括高校体育教学概述、高校体育教学方法改革与创新、高校体育教学过程与评价、专项身体素质理论与训练、球类运动训练、有氧运动训练等。

本书是笔者长期从事体育教学和实践的结晶，在内容选取上既兼顾了知识的系统性，又考虑了可接受性，同时强调了运动训练的重要性。本书涉及面广、实用性强，使读者能理论结合实践，在获得知识的同时掌握技能，强调理论与实践并重，可供相关教育工作者参考和借鉴。

由于笔者水平有限，本书难免存在不足之处，敬请广大读者朋友批评指正。

李淑玲

2023 年 9 月

目 录

第一章　高校体育教学概述

第一节　高校体育教学概述

一、高校体育教学的性质

高校体育教学具有身体练习和思维活动相结合的特性；以户外环境为主，强调的是使学生身体的时空感觉得到发展，还要实现机体的自我体验与操作等多种特征。此外，高校体育教学活动是一种需要教师与学生同时参与的双边活动。我们需要进行提炼与思考的内容是保证师生双边活动顺利开展的媒介是什么。

对此，大部分人的观点是身体练习活动就是师生双边活动的重要桥梁，然而，笔者的观点有所不同，笔者认为如果仅仅将身体练习认定为师生双边活动的媒介是不够准确的，原因有以下几点。

（1）对动物而言，它们也存在身体的各种练习活动，即便是动物经过了驯养，具有了相对高超的运动技术，但是，动物的运动行为和人的运动练习行为是非常不同的。动物只是拥有单纯的运动行为，而人的运动学习行为包含两种内容，即身体的练习活动与大量的思维活动。

（2）如果将体育教师与学生的双边活动理解为单纯的身体练习活动，那么就很容易使体育学科地位较低的思想观念形成，之前人们常说的"下里巴人"，就是对体育人及其学科的误解。

（3）在其他学科教学活动开展的过程中，教学的中介主要是知识和技能，但是对体育学科而言，其身体练习活动并不是知识，也不是技能。这一词汇代表的是一个过程。所以，我们就需要对其他学科的一个比较相似的词汇进行借用，笔者的观点是，相比于身体练习，运动技能更加合适。关于运动技能的解读，具体如下。

由于运动技能是知识与技术的中间形态，因此，我们要从操作技能的概念及其形成的层面出发来解析运动技能。

所谓的操作技能，主要是指一种合乎法则的，通过学习活动而形成的活动方式。一般来讲，操作技能包含多个特征，而这些特征也是同其他事物本质相比存在差异的地方，我们常常称它为"概念的种差"，具体的解释是：

（1）合乎法则。此种差同一些日常生活中的随意运动是存在一定不同的。

（2）通过学习获得。此种差同其他的人体本能行为是有区别的。

（3）活动方式。该种差同知识是存在差异性的。

（4）为活动的开展明确了方向。对活动而言，技能存在着控制执行的作用。

操作技能的重要分支之一就是运动技能。对运动技能而言，其形成主要包含以下几个阶段，即认知动作的阶段、联系动作的阶段、完善动作的阶段。其中认识动作的阶段同知识和技能之间存在着十分密切的联系，其最终目的在于对活动操作的要素、关系与结构等进行认识。运动技术可以认为是一种"知识"，这是由于知识是事物联系与属性的组织和信息。即便是在没有人掌握它的时候，运动技术也已经是客观存在的，这也是人类文化知识的重要组成部分之一，是前人积累下来的宝贵的运动文化遗产。

然而，如果将运动技术解读为知识，那么就会导致它同本来学科的知识与技能互相重复，导致两个知识与技能的情况出现，很明显会逻辑不通。所以，在表述的过程中，应该对另一个词汇进行使用。笔者认为，阐述时采用运动本体与动作的概念是很恰当的，也就是说，从动作概念的角度对动作技术进行了解，就能够解析为"运动操作知识"，如田径、体操、游泳等运动技术。如果能够学会、掌握这些运动技术，那么就能够促进运动技能的形成。从上述分析中我们可以得知，在本质上，高校体育教学就是运动技术教学，再具体一点就是运动操作知识，当学会了运动操作知识，运动技能就得以形成。如果高校体育教学的户外环境因素能够有效利用，那么就会排除如羽毛球运动一样的大量体育运动项目的可能性。所以，在高校体育教学的本质特征中，以户外环境为主的内容并不包含其中。

二、高校体育教学的特点

同上述高校体育教学的性质相联系，对于高校体育教学和其他学科教学活动间存在的不同之处，主要包含以下几方面。

（一）教师与学生身体活动的频繁性

在高校体育教学开展的过程中，教师对运动项目的动作需要不断进行示范、指导与反馈，这主要是因为身体知识来源于身体的不断实践与操作。同时，对学生而言，也需要身体的操作和体验，如果想要学习、掌握运动技能，就需要反复地进行身体的操作和演练。因此，在体育课堂教学开展的过程中，教师和学生的身体活动会比较频繁，这一点也是体育课程教学同其他学科教学之间的不同之处，其他学科的课程教学只需要在室内开展就可以，只需要相对保持安静，这样才能使学生的思维得到激发，同时取得良好的学习效果。而高校体育教学则不同，在高校体育教学实践活动开展的过程中，不仅有学生身体的强烈活动，还有学生体验的欢快情绪。上述都是体育课程教学的外部表现行为，只有自然与纯真，不存在文化渲染。

（二）学生身心合一的统一性

体育从本质上来讲，就是自然改造人自身的过程，在强调生理机能和形态结构统一的同时，还强调身心的和谐发展。在高校体育教学活动开展的过程中，不仅要对体育文化的传承进行追求，而且要使学生的身体发展得到一定的促进，还要使学生的心理素质与社会适应能力得到强化。高校体育教学开展的过程中，营造了许多生动的情境，这一点也是其同智育教学间的差异之处，为学生心理素质的发展与社会适应能力的提高创造了良好条件。

所以，高校体育教学过程同辩证唯物论的观点是相符的，讲究身心发展的统一性。身体发展是基础，而身体的发展支持了心理发展；同时，心理的发展还能够对身体的发展起到促进作用。高校体育教学开展过程中身心合一的统一性，主要体现在以下三方面。

（1）高校体育教学内容要注重对学生各种能力和素质的培养，注重心理与社会的适应性培养，符合社会学和心理学等方面的要求。

（2）体育教师的教学方法和教学组织必须同学生的身心发展规律相符，在反复的动作与休闲交替的过程中，使学生的健身目的得以实现。练习活动与休息在一定的范围内合理地交替进行，因此，学生的生理机能变化会呈现出一条波浪式曲线。

（3）体育课程教学同学生的年龄特征与心理特征也是相符的。学生的心理活动所呈现出来的曲线图像是高低起伏的，而这种生理、心理负荷的波浪式曲线变化规律，使高校体育教学的鲜明节奏性与身心统一性、和谐性得到展现。所以，体育教师在对各种教法与组织进行安排的过程中，应该充分考虑学生的心理特征，只有这样，才能够使学生的身体发展得到促进，使学生的兴趣爱好与积极性得到有效激发，进而促进高校体育教学功能的有效发挥。

（三）体育教学过程的直观形象性

在体育课程教学开展的各个过程中，都对鲜明的直观形象性进行了体现。例如，对体育教师而言，其讲解不仅要同其他学科教师讲解的基本要求一致，还要使用有趣、贴切、形象生动的语言，艺术性地加工所要传授的东西，将语言简单化，使学生对教学内容加深感知。同时，体育教师需要应用特殊的演示形式，通过动作示范、优秀学生的示范、学生正误对比示范、人体模型、动作图示、教学模具等直观、形象地进行展示，从感官上使学生对动作进行感知，建立清晰、正确的运动表象。通过直观的动作演示，学生能够将得到的表象同思维紧密联系在一起，实现掌握体育知识与体育技能的目标。

高校体育教学管理与组织的过程也使直观形象性得到体现，学生的行为都是直接的、外显的、可观察的。所以，体育教师的一言一行都能够发挥榜样的功能，无形地使学生的身心受到教育，进而直接、真实、显现地表现在课堂上。尤其在学习活动与运动开展的过程中，学生会将其最为真实的一面通过一言一行表现出来，此时是体育教师观察、帮助和反馈的最佳时机。

（四）体育内容的审美情感性

体育课程教学的美，首先，最直观的表现是运动开展过程中教师与学生的人体美与运动美。通过运动塑身，教师和学生身体各部分线条的美与身体比例对称的美得以形成，并且人体运动的美也在这一运动过程中得以实现，这些都是外显的内容。其次，在运动开展过程中，人体的精神美也得以体现。例如，在运动开展的过程中，学生需要对生理障碍和心理障碍进行克服，使高校体育教学目标得以顺利完成，使礼貌、谦让和谦虚等风范得到体现。

高校体育教学活动不仅展示了人体美和精神美，还使高校体育教学内容的审美性得到体现。每个运动项目都对审美特征和美学符号进行了不同的表述，如对球类运动项目而言，不仅使个人的运动优势得到展示，对于群体互助、协调和合作等人际素养也要兼顾到；对田径运动而言，不仅使学生个人的运动天赋得到体现，也展示了永不言败的豪气；对乒乓球运动项目而言，使东方人的技艺与灵巧得到展示；等等。这些内容都是前人累积的经验总结，经过教师的加工传授给学生，以此让学生去感知，并获得身心健康的全面发展。此外，高校体育教学活动作为一种社会活动，具有一定的创造性，教师与学生共同营造的教学情境在精神上能够给人以启迪，令人回味。

（五）客观外界条件的制约性

同其他学科教学相比，高校体育教学的另外一个不同之处就是，高校体育教学效果很容易受到外界各方面的影响和实际客观条件的约束，如学生的性别、年龄、生理特点、心理特点、体质强弱与运动基础，体育场地、运动设施、客观气候条件，等等。上述这些因素都会对高校体育教学质量产生不同程度的影响。

从高校体育教学对象的层面而言，高校体育教学应该使教育的全面性得以实现，在运动基础方面区别对待不同水平的学生；同时，要针对学生的性别、年龄、生理特点、心理特点与体质强弱等方面的实际情况实现区别对待。例如，在机能水平、身体形态、运动功能与运动素质等方面，男女学生会存在明显的不同，因此，在教学选择、教学设计和教学组织等方面就应该对性别差异进行考虑。如果没有对这些特点给予足够的重视，盲目教学，不仅会导致增强体质的教学目标很难实现，还有可能增加学生安全方面的风险。

从高校体育教学环境的层面而言，鉴于室外存在较多的影响因素，如空中的意外声响、马路上的汽车声等，所以，体育课堂教学一般会在室内开展。此外，学生的视野较为广阔，非常容易分散学生的注意力。

当然，也有一些不可控因素的存在，如天气因素等，都会干扰到高校体育教学过程。同时，体育课程教学在体育场地、器材设施和客观气候条件等方面存在较高的要求，所以，体育教师在制订学年高校体育教学计划、课时具体计划、选择教材内容、实施教学组织方法的时候，都应该对上述这些影响因素与客观因素进行考虑，使各种因素的影响尽量减少，促进高校体育教学效果与质量的提高。此外，体育教师还应该对酷暑、严寒等自然条件进行利用，使学生适应环境的能力得到培养。

第二节　高校体育教学课程设置

一、美国高校与中国高校体育课程教学概况分析

（一）美国高校体育课程教学概况

通过查阅、整理、分析相关的文献资料可知，对美国高校而言，其体育课程教学的主要管理模式是俱乐部制度，对于体育运动锻炼项目，学生能够自主地进行多样化选择，通过对学生需求、兴趣与满意程度的相关调查、了解，教师能够设立不同类型、不同内容的体育运动科目。同时，体育课也具备丰富多样的组织形式。例如，有一些高校在必修课程或者是选修课开设的时候，会批准、安排学生开展远足活动、爬山旅行等，相关的费用需要学生自理，之后他们会获得学位中的一定学分、体育必修成绩或选修成绩。

在体育教学活动开展的过程中，强调的是学生参与的一个过程；与此同时，强

调的是通过体育相关锻炼活动，学生能够获得一定的情感体验。对于校内外、课内外一体化的建设问题，学校要给予足够的重视。在体育教师的问题上，美国高校采取的措施通常是以招聘制度为主，且实施严格的管理制度，讲究教育的实质与学生满意度，如评判教学效果与是否对教师进行聘用的决定性因素就是教师受学生的欢迎程度。

（二）中国高校体育课程教学概况

在 20 世纪 80 年代中期以前，体育教学注重的是规范、统一，对教学内容与教学计划的连续性与完整性进行强调，体育教师占据教学的主体地位。在具体实施体育教学工作的时候，主要通过人体功能的活动变化规律与运动技能的学习规律来确定教学内容。

二、高校体育课程设置体系与模式

（一）高校体育课程设置体系分析

通过对我国高校公共体育课程的相关分析可以得知，在课程设置方面，已经形成了主要以选项课为主导模式的高校体育课程设置体系。

（二）高校体育课程设置模式

在高校体育教学改革和实践开展的过程中，对于现代体育教育思想进行了全面的贯彻，我国的各个高校都已经对体育课程模式的改革活动进行了不同程度的实施，在经历了一定阶段的发展、"聚类"和"沉淀"以后，可以将这些模式归纳、总结为五种典型类别。

1. 体育选项课模式和"校定特色体育必选（通）课"模式相结合

我国部分高校一、二年级的体育选项课的主体教学模式已经建立，其中比较有代表性的是清华大学；同时，对校定特色体育必通课进行了设立，并规定对于校定特色体育必修课程设置模式的基本考核标准，要求高校的每一位学生都要通过。例如，在清华大学中，每一个男生都必须学习、掌握 200 米游泳技巧，每一个女生都必须能够对一套健美操进行创编；在浙江工业大学中，要求每一个人都能够达到"12 分钟跑"测试标准，还要对体育课程"课内外一体化"的构建与发展问题给予足够的重视，同时对于"两条腿走路"的工作路子要进行全面实施。应用体育选项课和"校定特色体育必通课"相结合的模式，首先需要充足的体育师资力量配备，同时需要学校政策的支持与财力支持，保证较好的教师工作待遇，等等，只有这样，才能够提高学生的体育基本素质，增强学生的体育锻炼意识。

2."完全教学俱乐部"模式

关于"完全教学俱乐部"模式在我国部分高校的应用，比较具有代表性的是我国的深圳大学。这一模式的主要思想是按照学生的体育学习兴趣与爱好，对体育教学俱乐部模式进行全面实施，学生能够完全自由地对体育运动项目、体育运动实践、体育教师进行选择；同时，把体育课程教学的俱乐部逐渐向外发展，延伸到课外体育俱乐部的形式，通常来讲，在"完全教学俱乐部"模式中，主要对指导制的形式进行了应用。在应用"完全教学俱乐部"模式的时候，通常要求具备优良的体育教学场馆设备条件；同时，其对于吸引力也有一定的要求，此种教学模式属于教育制度中的完全学分制。此外，该模式还要求学生具备较好的体育基本素质与较高的体育锻炼积极性和体育自我锻炼的意识，且具备良好的体育学习习惯与体育能力，充分保证体育课程教学的时间，在完善的、专业的师资结构下，使学生的体育学习需要得到充分满足。

3.体育教学俱乐部模式和体育选修课模式相结合

我国部分高校已经建立了网上自由选择体育课程、时间和体育教师的完全体育教学俱乐部模式，其中代表性比较突出的是我国的浙江大学，其仍旧按照班级授课的方式开展体育教学活动，并且通过学期选修课或必修课的形式实施体育教学管理。从实质上来讲，体育教学俱乐部模式是存在于完全教学俱乐部模式和体育选项课模式之间的一种教学模式，在使用此教学模式的时候，对于体育师资与项目群的一定储备存在要求，学生要具备较强的选择性；同时，这也离不开体育教学专门选课系统的有力支持。值得说明的是，同完全教学俱乐部模式相比较，这种模式没有那么高的体育教学硬件设施要求，在课程选择的可选择性问题上，学生很难不受课程设置模块、课程授课时间和师资力量的制约。

4.体育基础课模式和体育选项课模式相结合

我国部分高校已经建立了一年级基础课、二年级选项课，或者是第一学期基础课，第二、三、四学期的体育选项课教学模式，其中比较有代表性的是浙江中医大学。通常来讲，体育基础课授课是以行政班级的方式进行的，而体育选项课则是按照实际报名情况或网上选择的具体情况来以体育班编制的方式开展的。此模式对于身体素质发展的重要性进行了较多的强调，这对于校定特色体育与一些传统体育运动项目教学和考核的顺利开展是非常有利的，同时能够促进体育教学组织管理工作的全面实施。

5.体育选项课模式和体育教学俱乐部模式相结合

我们这里所说的体育教学俱乐部模式是将职业实用性体育内容包含在内的。我国的一些高校已经设立了上述的教学模式，特别是高职类院校基于二年级的体育选项课和二年级专业相关的"准职业岗位"特殊的体育能力需求与体育素质要求，其中比较具有代表性的是浙江职业金融学院。此种模式对体育教学的实用性功能进行了强调，把就业作为导向，作为一种新型模式，将"准职业"人员的岗位特殊体育活动能力与体育素质培养作为主要目标。

三、体育课程发展的动力机制

（一）我国体育课程发展的外部动力

所有改革的出现都是基于一定动力的推动，同时少不了与之相对应的改革、发展动力机制，此种结论也适用于体育教学改革。对于体育教学改革的动力进行深入的分析，对于它们之间存在的作用机制与内在联系进行探讨，能够促进我们对体育教学改革目标的正确认识，对于相应的程序、方法和措施有针对性地进行选择，同时能够保证高校体育教学改革的顺利推进。

1. 体育教学改革动力机制的内涵

动力原是物理学的一个概念，之后被引申为能够对事物的运动与发展起到引发与发展作用的力量。众所周知，能够对体育教学改革起到推动作用的力量在实践活动中不仅仅只有一个，由于多种推动力的合力作用促使了实际改革的发生。我们一般可以将这些能够对高校体育教学起到推动作用的力量看作一个系统，它们经常会在体育教学的改革活动中同时作用。

机制这一词汇是从希腊文"mechane"一词衍生而来的，只是一直在其他的学科与领域中广泛地应用，用来对自身运动的行为机理层次与关系进行说明。关于机制的定义，在社会科学的研究领域中是指内在联系和联系方式的一种，存在于事物或者现象的各个部分之间。

所谓动力机制，主要是指功能型机制的一种。它一般指的是事物之所以发展、运动和变化的各类推动力量；此外，还包含它们之间互相联系的方式、机制与过程。从本质上讲，动力机制是指存在于动力和事物运动、事物发展之间的内在联系。

同其他事物一样，动力机制的存在也是作为一个系统；同时，这个系统具有层次多、要素多等特点。动力因素不仅仅存在于事物及其普遍的联系中，还存在于事物内部各构成要素间的相互依存和相互作用中，从结构的层面上来讲，动力机制存在着自己的联系方式。

由上述认识可知，关于体育教学改革动力机制的理解，也就是高校体育教学改革的动力机制，指的是体育教学改革得以发生与发展的各种不同层级的力量，还有它们之间互相关联的方式、过程与机制。

2. 体育教学改革的动力因素

马克思主义学说的观点是，事物之所以会出现改变，可能是由于多种因素，根据它的来源，可以将这些动力因素分成两种，即外部动力因素与内部动力因素。据此，我们把能够对体育教学改革起到推动或引导作用的动力分为两种，即内部动力与外部动力。在本书中，对于体育教学改革推动或引起的动力，我们将从以下两方面展开具体分析。

（1）体育教学改革的外部动力因素

高等学校作为一个系统性的存在，也是体育教学改革中的主体。如果我们把学校作为一个分界线，那么学校内系统存在于边界内，而学校外系统存在于边界外。体育教学改革的外部动力，也就是能够对体育教学改革起到引发或推动作用的高等学校外系统的力量。

①政治动力：政治力量的"政策牵引"

政治力量能够对体育教学改革产生一定的影响与推动作用，主要方式是政治牵引，即通过对相关政策与法律文件的制定，实现政府对体育教学改革的影响与推动。体育教学的职能、课程设置、教学方法、师资力量、招生对象与培养目标等多方面都产生了重要改变，对国家经济发展所需的高级应用型人才进行了大量的培养。

②经济动力：推动经济的发展与变革

对体育教学改革而言，经济发展是比较关键的、外部的一种力量，它能够强烈推动、促进体育教学改革的具体实施。所以，为了能够同经济发展相适应，同时从奠定未来经济发展的基础出发，高等学校相应的教育教学改革就需要不断地开展。如果高等学校一直保留陈旧的体育教学内容与传统的体育人才培养模式，那么就不能同经济发展变化相适应；同时，高校体育培养出的人才同社会的需求与经济的发展也很难相适应。如此一来，不仅会对社会经济的发展造成一定制约，还会阻碍高等学校的生存和发展。在经济结构改革的情况下，从某种程度上也对高校专业结构和学科结构的变化起到了一定的促进作用。

③科技动力：科技发展进步的驱动

从人类社会的发展历程中可以看出，每一次科学技术的重要变革，都不可避免地会促进人类社会的巨大进步和生产力的重大改变。尤其对科学技术而言，已经在社会生活的各方面中渗透，作为一种动力，在一定程度上对社会的变革与经济的发展起到了强烈的推动作用。

科学技术作为一种强大的动力，能够对社会变革与经济发展起到一定的促进作用；同时，能够促进、推动高校教育教学的改革与发展。同科学技术的革命性相比，高校教育教学是一项传统性很强的事业，体现出了较大的惰性。一旦教育教学形成了某些形态，通常会持续长达数十年，甚至是数百年。

在体育教学改革问题上，科学技术的进步和发展所发挥的推动作用，总结起来会有以下几种表现。

对于一些传统体育教学观念的改变，科学技术的进步和发展能够起到一定的推动作用。例如，在现代科学技术不断的发展中，呈现的主要趋势是高度综合与高度分化同时存在，主流为高度综合。此种趋势在一定程度上冲击了高校体育人才的培养工作，给其带来压力；同时，它能够促进高校体育教育传统思想观念的转变，即专业教育的开展与专业专家的培养，并且使基础拓宽、通识教育和文理兼通的思想得以逐步树立。

对于高校课程内容与专业设置的更新，科学技术的进步与发展能够起到一定的推动作用。高校专业设置的基本理论根据就是科学的学科门类。随着科学技术的综合发展与分化发展，同时，在科技革命导致衍生学科日渐增多的情况下，高校体育也逐渐产生了更多的新专业，尤其能够将科学发展综合趋势反映出来的边缘学科与交叉学科，逐渐增加了高校的跨学科专业。高等学校是对知识进行传承、对知识进行发展的重要场所，在高等院校中，科学技术的存在就是充实高校体育教学内容，所以科学技术的进步和发展必定能够促进高校体育课程内容的不断更新。

对高校教育教学手段与方法而言，科学技术的进步与发展能够起到一定的推动作用。现代科学技术的方法与手段通过科学技术的进步和发展被高等学校引入，使传统的体育教学设备与教学方法得到改造，促进全新科学体育教学方法的形成，使全新的体育教学技术手段得到配置，如调查法、实验法、观察法、实习法、比较法等现代高校体育教学方法，都是同现代科学方法相适应的。

对于高校体育教学组织形式的改变，科学技术的进步和发展起到了一定的推动作用。高校体育教学组织形式的改变，是基于现代科学技术的进步和发展，尤其网络技术与计算机技术的产生与应用；同时，将一定的可能性提供出来。在科学技术进步和发展的推动下，高校体育教学的组织形式逐渐转变成多元化的教学组织形式，如计算机网络教学、远距离教学、个别化教学和班级教学等，而不再是传统的集中教学形式，即班级授课制。

④文化动力：思想观念更新的引领

通过政治、经济和科技文化之间的互相比较，可以得知文化和高等教育之间存在着非常悠久的历史传统联系。由于人们的社会心理、价值观念和思想意识是文化的最直观表现，因此，文化给体育教学带来的影响同政治、经济、科技对于高等教育的影响相比，自然也会显得更加深刻和隐蔽。人们在高校体育教学实践开展的过程中，对于此种潜在作用也很难重视起来。这就需要在对体育教学改革的动力因素进行分析的过程中给予足够的重视。

在体育教学改革不断深入开展的过程中，我们这里所说的文化动力通常会在观念和思想的革新能够引领体育教学改革上面体现出来。换句话说，对于体育教学改革来讲，新的思想与新的观念能够对其产生一定的引领与促进作用，因此，文化是能够推动体育教学改革的重要力量。此外，在这一问题上，对于这些思想的改革和传播实践，人们想要完全地进行区别是非常困难的，原因在于这些思潮从本质上来讲就是指导思想的一种革命、变革，这种成效只有经过了实践，人们才能够普遍地接受。

⑤竞争动力：校际竞争的压力

随着社会主义市场经济体制的逐步建立，以及高校办学自主权与规模的扩大，我国高等院校间的竞争也越来越激烈，在竞争的浪潮中不断有更多的大学进入，使竞争逐渐成为客观存在的一种。同时，由于我国高校教育国际化进程的不断加快，导致我国高校呈现出日渐普遍化的国际竞争参与现象。对高校而言，不管是国际范围内的竞争，还是国内范围内的竞争，都能够很好地促进体育教学改革的发展。尽管从本质上来讲，高校与高校间的竞争是一种全方位的竞争，主要包含生源竞争、荣誉竞争、经费竞争和就业竞争等多方面的内容，然而，实际上我们可以将这些竞争归结为一点，即都属于教育教学质量竞争的范畴。

在国际竞争与国内竞争逐渐激烈发展的过程中，如果高校想要使自身的竞争实力得到提高，就必须对自身的竞争优势进行树立，并且要在教育教学方面投入更多，对于体育教学或者人才培养模式的改革更加积极地展开。

（2）体育教学改革的内部动力因素

这里所说的体育教学改革的内部动力因素，主要是指高等院校系统内部能够对体育教学改革起到推动与引领作用的关键性力量。一般来说,体育教学改革的内部动力因素主要包含四方面的内容。

①直接动力:使高校教育教学弊端得到克服的需要

在 20 世纪 90 年代,原华中理工大学进行了数次调查研究,并得出了结论。该校在全国高校中,对以使大学生文化综合素质得到提高为目的的教学改革进行率先开展。经过多年的不懈努力,使文化素质教育向多样化形式发展,而不再是单一形式,从造势直到自觉,从局部的试点转向全面的展开,一种科学和人文相结合、高雅和通俗相结合、课内和课外互补、教师和学生友好互动的全新局面被展开,在使本校大学生文化综合素质得到极大提高的同时,使全国教育教学整体水平的提升得到带动。

②根本动力:使高校人才培养质量得到提高的需要

对高校教育教学中存在的缺陷与弊端进行克服,仅仅是推动或者是诱发体育教学改革的内部直接动力因素,体育教学改革活动得以顺利展开的内部动力因素,从本质上来讲,就是提升自身的人才培养质量,对高校教育教学的人才培养工作而言也不例外。

所以,对高校教育教学工作而言,对其优劣进行社会评价、检验的基本标准就是对其人才培养质量的优劣进行判断。而高校为了使自身的人才培养质量得到提高,也少不了要对体育教学思想进行不断更新,对体育教学内容进行革新,对体育教学方法进行改进,对人才培养模式进行改革,等等。通过对高等教育发展历程进行考察可知,高等学校教育教学改革开展的最终目标是使人才培养的质量得到提升,在现代高等教育业全面发展的我国,这一点也能够得到明显的体现。

③基础动力:改革主体的自我变革推动力

在对体育教学的内在动力进行探索的过程中,对于改革活动中的人必须进行分析,即体育教学改革主体的作用。

首先,对学校的主要管理者来讲,其担任的职责主要指某一所高校的校长或者是相当级别的学校领导。通过对高等院校的发展起源与历史进行考察可知,在学校改革与发展的过程中,校长始终都承担着领导的重任。通常而言,校长本身拥有着一定的权力、组织权威和个人影响力。对于学校内教育教学管理方面、机构设置问题、人事管理、经费使用方面等拥有领导权力。所以，校长在体育教学改革过程中占据着核心位置，不论是体育教学改革的领导者、策划人，还是具体的执行者，可以说如果没有校长的积极配合与推动，高校教育教学的成功变革是不可能实现的。

其次，从教师的层面来讲，尽管在发展变革过程中学校是作为基本单位而存在的，但是学校的发展离不开诸多个体的存在。除了之前提到的学校主要管理者，这些个体还包括始终在教育第一线工作的广大教师。他们作为一种力量，能够推动体育教学改革的进程。通过对教育教学改革实践过程的细心考察就能够发现，尤其那些针对教育真正问题的改革，基本上都是从一些教师的自发活动开始的。因此，在体育教学改革发展的过程中，必须重视教师自我变革所产生的推动作用。对体育教学改革而言，如果没有教师、教授的响应、号召，那么改革就只能是一句空话。

最后，对学生来讲，他们在现实的教育教学实践中，通常只是被当作改革的协助者或者是参与者，人们往往忽视了学生作为改革主体力量的存在。实际上，在学校教育教学活动中，学生也是重要的参与者，同样能够在体育教学改革中起到关键的推动作用。例如，对于教育教学现状他们表现出的批评和不满，以及改进教育教学工作的建议和意见，在一定程度上都会对体育教学改革的实施产生一定的推动作用。正如日本著名的教育家关正夫所发表的观点："一个改革的内在条件就是存在学生群体对于学校的批评，如果没有此种批评的存在，那么学校当局就不会去热衷推进。"由此可以看出，在体育教学改革活动中，学生具有重要的推动作用。

④保障动力：高校办学自主权的推动

《中华人民共和国高等教育法》第31条至第38条，对于高等院校作为实体法人应该承担的任务与七方面的自主权有效地进行了明确。随着我国高校办学自主权的逐渐增强，我国高校也提高了教育教学改革的积极性，可以说改革开放至今，我国高校教育教学改革的成功推进同高校自主性的有效增强存在着较密切的联系。

（二）体育教学改革诸动力之间的内在联系、共同特征和作用机制

1. 体育教学改革内外部诸动力之间的内在联系

（1）体育教学改革的外部动力是发挥内部动力作用的先决条件

事物的变化、发展离不开外部力量的推动。尽管现阶段体育教学自身具备相对的独立性特征，使其具备独有的内在逻辑与演进规律，然而，体育教学作为一种具体的现象，始终存在于社会生活中；同时，同其他的社会现象之间存在的联系也是经常性且十分密切的。此外，对体育教学而言，外部力量也会对其造成一定的影响，我们这里所说的外部力量主要是从社会系统中的政治、经济与科技等领域中产生的。

如果不存在外部力量的刺激、诱发与推动，那么由于高校自身"惰性"的存在，想要从自身内部促进产生体育教学改革的意愿与动力明显是很困难的。所以，体育教学改革的外部动力从本质上来讲是使其自身作用得到充分发挥的重要基础。

（2）体育教学改革内外部动力综合作用于高校的教育教学改革

所有事物的存在与发展，都离不开外部因素和内部因素的共同作用。并不是仅仅依靠外因的推动作用，或者是内因的单纯自我运动就能够实现的，从本质上来讲，主要是内部因素与外部因素综合在一起共同作用的结果。

从根本上来讲，体育教学改革是一种外部动力和内部动力有机结合而产生的最终结果，尽管上述这些因素同力量之间存在一定的差异性，但是需要注意的是，这些因素的存在是分散的，会通过多种不同的形式向体育教学改革工作的主要动力与合力来源转化，我们上面所提到的不同形式，主要有对话、协同、选择、融合、竞争等，对体育教学的改革与发展来讲，它们能够共同发挥出推动作用。

2. 高校教育教学改革诸动力的共同特征

虽然从形式方面来讲，体育教学改革的主要动力来源存在一定的差异性，但是，不可否认的是在特征方面，它们之间也存在一些共同点。在这些特征的共同作用下，它们在体育教学改革中占据重要的位置，进而在动力机制上使体育教学改革的有机构成得到促进，对体育教学改革的进程起到共同推动的作用。这些因素表现出来的共同特征有相关性与互补性特征、层次性特征、动态性特征和整体性特征。

3. 体育教学改革诸动力同体育教学改革之间的动力机制

有一点需要说明的是，体育教学改革的实现，并不是仅仅拥有在体育教学改革中起到引发或者推动作用的动力就能够做到。体育教学改革的动力同体育教学改革之间的联系离不开某一种机制的支持。现阶段，在体育教学改革实践过程中，能够发挥作用的机制一般有三种，对这三种机制的分析具体如下。

（1）行政机制

体育教学改革的行政机制，一般是指国家的行政部门能够主导体育教学改革与发展。行政部门的作用体现在，一般会利用其科层体制来筛选、过滤体育教学改革中的各种外部动力因素与内部动力因素。

（2）市场机制

体育教学改革的市场机制，一般是指市场能够在体育教学改革中起到主导作用。在市场机制的作用下，能够对体育教学改革的各种外部因素和内部因素产生一定的影响，决定了它们能否作为动力对体育教学改革发挥推动作用，并且能够禁受得住市场的考验。

（3）志愿机制

体育教学改革的志愿机制，一般指的是学校自身能够在体育教学改革开展的过程中起到一定的主导作用。换句话说，就是在选择体育教学改革方向的时候，充分考虑学校自身存在的教育教学问题、教育教学现状与教育教学发展目标等多种因素。在志愿机制的作用下，学校自身能够综合地分析教育教学改革的内部影响因素与外部影响因素。

在对体育教学改革的动力机制问题进行探讨时，主要从体育教学改革动力机制的内因、作用机制与共同特征、动力因素和动力因素间的内在联系等几方面出发，得到了如下的主要观念。

第一，任何一种改革的产生都离不开一定动力的推动作用；同时，还有与之相对应的动力机制存在。我们这里所说的体育教学改革的动力机制，主要指的是能够对体育教学改革起到推动或者引领作用的各种不同层次的力量，以及这些力量之间有机结合的机制、方式与过程。

第二，能够对体育教学改革起到引领与推动作用的动力，主要有两种，即体育教学改革的内部动力因素和体育教学改革的外部动力因素。体育教学改革的内部动力因素主要存在四方面的来源，分别是使学校教育教学弊端得到克服的需要、使学校人才培养质量得到提升的需要、高校办校自主权的推动作用、改革主体自我改革的推动力；而体育教学改革的外部动力因素的主要来源是社会大体系中的政治、经济、科技和文化等子系统中产生全新动力的需求，不仅如此，还有教育系统在学校相关竞争活动中产生的外部压力。

第三，体育教学改革内部动力因素与外部动力因素之间存在的主要联系是：外部动力是发挥内部动力因素作用的主要基础，同时外部动力存在的主要作用是通过内部动力因素使体育教学改革的外部动力因素与内部动力因素之间的有机结合得以实现，并且在高校教育教学改革中得到综合性的应用；体育教学改革的诸动力要素之间具有许多共同特征，即互补性与相关性特征、层次性特征、整体性特征与动态性特征；体育教学改革和诸动力存在的三种主要作用机制是行政机制、市场机制与志愿机制。

第二章 高校体育教学方法的改革与创新

第一节 传统体育教学方法及应用

一、传统体育教学法及应用

（一）语言教学法

语言教学法，就是教师通过语言表达，来阐述体育教学知识、文化、规律、特点、技术构成、教学活动安排与过程实施的方法，学生通过教师的语言来了解教学过程，参与到学习过程中去，掌握必要的教学知识点。

常用语言教学法有以下几种：

1. 讲解教学法

讲解教学法是指教师通过语言讲解来开展教学。讲解法通常用于体育理论教学，讲解过程中，教师应充分考虑学生的理解能力与认知能力的特点与水平。

讲解法使用要点如下：

（1）讲解要明确，突出教学内容重点、难点、特点

在体育教学中，教师对教学内容的讲解必须要有明确的目的，不能漫无目的地讲解。因为漫无目的的会使学生抓不住重点，不能理解教师的用意，导致学习效率低下。

（2）讲解要正确

注重讲解内容（历史文化、动作术语、技能方法等）的准确性。

（3）讲解要生动、简明、有重点

讲解应便于学生更好地理解教学内容，如生动形象化的讲解可加深学生的认知，教师应重视对技术动作的形象化描绘，可以适当加入肢体语言帮助学生理解。再如，关于概念、技能难点的讲解应有重点，把握关键技术讲解，更便于学生掌握动作要领。

（4）讲解要通俗易懂、深入浅出

教师要善于运用对比、类比、提问等方式进行启发性教学，这有利于学生积极思维，举一反三，触类旁通，学以致用。

2. 口头评价法

口头评价法是体育教学中非常重要的教学方法，可以在课堂上及时、快速地给予学生最直接的评价、提醒，也可以在教学结束之后，对学生的课堂表现进行口头点评。

根据评价性质，口头评价有如下两种：

（1）积极评价

教师对学生的评价是鼓励性的、表扬性的、肯定性的。

（2）消极评价

教师对学生的评价是负面的，以批评为主这种方法显然会让学生感觉到不舒服和沮丧，因此教师应掌握必要的语言沟通技巧，注意措辞，要就事论事，不能过分打击学生，更不能对学生进行语言方面的人身攻击。

3. 口令、指示法

口令、指示具有简短和高度概括性的特点，在体育教学过程中，应借助简短的字词给予学生必要的提示，如体育实践教学中的动作学练。

口令和指示法应用要求如下：

第一，教师应发音清晰、声音洪亮。

第二，教师对学生的口令、指示应尽量使用正面、积极性的词汇，并注意提示的时机。

第三，合理把握口令和指示的节奏。

在体育教学实践中，教师采用口令、指示法时，应尽量做到语言精练，言简意赅。

（二）直观教学法

直观教学法是利用学生的感官冲击来加深学生对体育教学内容的印象，使学生更直观、生动、形象、直接地了解教学内容。具体来说，就是通过直观教学刺激学生感官。

体育教学中常见的直观教学法有如下几种：

1. 动作示范法

在体育教学中，教师通过对教学内容的动作示范，使学生对所要学习的项目技术动作有一个生动形象的了解，熟悉动作结构和要领。

应用动作示范教学法时应注意以下几点：

（1）明确示范目的

教师在进行动作示范之前，要说明示范的目的是什么，要展示什么。

（2）示范动作正确、流畅

教师进行教学动作示范，是为了给学生提供必要的技术动作模仿对象，教师的示范动作必须正确，避免误导学生。

（3）示范位置合理

体育教学中，教师的动作示范应让每一个学生都能全面、准确地观察，使所有学生都能够清楚地观察到示范动作，可多角度示范。

（4）示范应与讲解结合起来

通过示范、讲解，充分发挥学生的视觉、听觉、触觉等各感官的作用，使学生的听觉和视觉器官同时利用起来，以更好地加深学生对正确技术动作方法的理解与掌握。

2. 教具与模型演示

采用图表、照片和模型等直观教具辅助教学，使学生更易于理解相应的技术结构和动作形象。教具与模型演示教学应注意以下几点：

第一，提前准备教具、模型。

第二，教具、模型全方位展示，如果介绍具体器材的使用方法，可以让学生近距离体验。

第三，注意教具与模型的使用保护。

3. 案例教学法

案例教学法就是在体育教学中举例子，使学生对体育教学内容的理解更加简单、直观、形象。

案例教学法的应用要求如下：

第一，举例恰当，避免举无效案例。

第二，对战术配合和组织案例分析尽可能详细，并注意多角度（如攻、守）分析。

4. 多媒体教学法

多媒体教学法是现代体育教学中被较多使用的方法，与传统的课堂板书教学不同，多媒体教学能令教学内容的展示更加生动形象。而且教师应更加准确地利用多媒体教学技术向学生分析动作的细节，通过动画和视频演示，可以将每一个动作精确到秒，将教学内容制作成电影、幻灯、录像等，通过重放、慢放、定格等操作方法，使学生更深入、系统地学习知识，掌握技能。

多媒体教学法需要多媒体教学技术的支持，也需要教师具备一定的多媒体技术操作能力。

（三）完整教学法

完整教学法是体育教学中广泛应用的一种教学方法，该教学方法重在完整、不间断地演示整个技术动作过程，通常在体育教学实践课中运用。

应用完整教学法时应注意以下几点：

1. 讲解要领后直接运用

教师通过对体育运动技术动作进行分解讲解后，示范整个技术动作，使学生能流畅地模仿完整的技术动作。

2. 强调动作练习重点

体育实践教学中，对于较为复杂的动作，教师应明确讲解、示范重点，使学生正确把握技术动作难点。

3.降低动作练习难度

降低动作难度以便于学生完整练习，建立正确动作定型后逐渐增加难度，待学生熟练后再按标准动作进行完整动作学练。

（四）分解教学法

分解教学法是与完整教学法相对应的一种教学方法，适用于复杂和高难度体育项目的技术动作教学。其能将复杂的动作简单化，降低技术难度。

分解教学法具体是指在体育教学实践中，教师分解完整的技术动作，通过各个阶段、环节的逐个教学，最终使学生掌握整个技术。应用分解教学法应注意以下几方面：

第一，对技术动作的分解要注意科学性，不能打破各环节之间的有效衔接。

第二，对分解后的技术动作依次教学，在熟悉后，注意组织学生对学习环节前后衔接起来练习。

第三，技术动作分解与完整动作综合运用效果更佳。

（五）预防教学法

体育教学的开放性使得体育学习同样是一个开放的过程，但会受到各种因素的影响与干扰。就学生的个体差异性来说，不同学生的认知能力、理解能力、肢体协调能力等都不同，因此有的学生不可能做到一下子就能准确掌握知识要点、动作要领，学习过程中难免会犯各种各样的错误，教师针对学生的学习错误，应及时预防和纠正。

预防教学法是对学生的错误认知、错误动作提前采取阻断措施的教学方法。

预防教学法的应用要求如下：

第一，体育教学中，教师应在讲解过程中不断强化正确认知，避免学生产生错误认知。

第二，教师在备课时可结合自己的教学经验对学生可能会犯的错误做好预防预案。

第三，可结合口头评价、提示、指示帮助学生及时预防错误。

（六）纠错教学法

纠错教学法是学生在体育教学中出现认知、动作错误后，及时予以纠正错误的教学法。

在体育教学过程中，教师应正确对待学生由于对各种动作技术理解不清或对动作掌握不标准所导致的错误，注意进行有意识的引导和纠正。

纠错教学的法应用要求如下：

第一，纠错时，应注意正确技术动作的讲解，使学生明确产生错误的原因，及时改正。

第二，结合外力帮助学生明确正确技术动作的本体感觉。

预防和纠错应相辅相成，和预防相比，纠错的针对性更强，要求教师认真分析学生产生错误的原因，并有针对性地结合错误的原因采取相应的纠正措施，并给出改正方向与方法。

（七）游戏教学法

游戏教学法指教师通过组织游戏的方式使学生完成预定教学任务的教学方法。这种教学法的应用比较广泛，在体育教学的初期和其他各时期都经常被用到，在调动学生的体育学习积极性与主动性方面具有良好的作用。

游戏教学法的应用应注意以下几点：

第一，所开展的各项游戏应与具体的体育教学内容相适应，应与教学内容相关。

第二，游戏内容应选择学生感兴趣的内容、方式。

第三，游戏开始前，注意对游戏规则、目的的讲解。

第四，游戏过程中，强调学生的积极努力、同伴的协同配合。

第五，游戏过程中，教师应监督学生在游戏中的行为，避免学生破坏规则，如有发生应实施"惩罚"。

第六，游戏结束后，教师应做出客观、全面的评价。

第七，注意教学安全。

（八）竞赛教学法

竞赛教学法是通过教学竞赛的组织来开展体育教学的方法。竞赛教学法重视对学生体育运动技能的实践检验，也重视学生在运动中的角色体验以及学会如何处理与队友之间的关系，并可以促进学生的运动心理的调适与完善。竞赛教学法是体育教学不同于其他学科教学的一种重要教学方法，对于学生的身体运动素质、竞技能力、心理素质、社会性关系处理等都具有重要的发展促进价值。

竞赛教学法的应用要求如下：

第一，明确竞赛目的，通过足球运动竞赛切实提高学生的足球运动技能水平。

第二，合理分组，各对抗队的实力应相当。

第三，客观评价，对竞赛过程中学生完成动作的质量予以客观的评价，并指出改进的方向和方法。

在体育教学实践中，教师不应只专注于使用一种教学方法，也不能毫不顾忌地在教学实际中进行多个教学方法的交叉和叠加使用。上述各种体育教学方法的应用应结合具体的教学实际情况和学生情况科学选择，以选择最佳的教学方法或者教学方法组合，进而促进体育教学质量和教学效果的不断提升。

二、传统体育学法及应用

（一）自主学习法

所谓自主学习法，即学生积极主动、独立自主地进行体育学习的方法，在学习过程中，主动发现、分析、探索、实践。当然，整个学习过程需要教师的必要指导。

高校体育教学中，教师指导学生进行自主学习，应做好以下几方面的工作：

第一，教师应针对学生的水平、特点，为学生安排难度适宜的体育教学内容。

第二，教师可帮助学生制定学习目标，指出学生通过自我探索应该达到什么水平，解决哪些问题，学生应根据自身的知识储备和能力水平明确学习目标。

第三，学生应根据自身情况，对照学习目标，积极地进行自我调控，并及时改进学习方法和学习策略。

第四，教师必须认识到，组织学生进行自主学习，教师仍要间接参与学生的整个学习过程，自主学习并非意味着教师放任不管，教学中，教师应时刻关注学生的学习进度，了解学生是否遇到了一些问题。如果学生的学习偏离预期，应及时对其进行引导。

（二）合作学习法

合作学习法是在教师的指导下，学生进行合作互助，通过责任分工承担不同的学习探索任务，并最终解决问题，达到教师所设定的学习目标，完成教师布置的学习任务。

合作学习能够提高学生的学习能力、合作能力。教学中，具体的学习操作方法如下：

第一，教师根据教学内容确定相应的教学目标。

第二，教师引导学生结成学习小组。

第三，全体学生在教师的指导下，根据教学内容确定相应的学习目标。

第四，确定各小组研究的课题，引导学生自己进行小组内的具体分工。

第五，小组成员合作完成小组学习任务与目标。

第六，不同小组间进行学习和交流，分享研究成果，发现问题，取长补短。

第七，教师关注、监督学生学习，推动各小组活动顺利开展。

第八，教师评价，帮助学生总结。

第二节　符合现代教育理念的体育教学方法

在"以人为本""健康第一""终身体育"等新的教学理念指导下，教学方法的选择和应用越来越重视体育教学中学生的体育学习体验，并越来越重视学生的学习积极性与主动性的发挥。对学生来说，符合现代新教学理念体育教学方法的应用，大大提高了学生对体育学习的兴趣；同时，体育教学环境更加优化，学习体验更加生动、形象与丰富多彩。

一、现代创新体育教学法

（一）探究教学法

探究教学法也称指导发现教学法，是一种充分发挥学生的能动性的教学方法。体育教学中，在教师有意识的体育教学中，让学生经历教师所设计的各种教学环节，引导学生逐渐发现问题，讨论问题，并处理和解决问题。

探究教学法符合现代教育教学理论对学生的要求，也是新体育课程强调学生主体性理念的重要表现，因此在体育教学实践中日益受到重视。该教学方法在体育运动教学中得到了尝试并收到了良好的教学效果。

探究教学法的体育教学应用有机地结合了教师的"教"和学生的"学"两方面。探究教学法主要适用于战术、攻防关系、技术要点的教学中，具体应用程序如下：

第一，学生预习教师所要教授的教学内容时，发现问题。

第二，教师以指导语的方式改造所授教学内容，并且将一些相关的观察结果和分析的直观感知材料提供给学生，使学生自行解决学习中遇到的困难和问题。

第三，体育教学中，重视对特定教学环境的建设，使学生在积极探索、研究的过程中获得知识和掌握技能。

第四，教师进行教学分析并归纳总结。

（二）合作学习教学法

合作学习教学法是对学生进行分组，让学生以小组形式完成学习任务的教学方法。合作学习教学法有利于学生养成合作和竞争意识，对于在足球运动中发挥集体协作作用具有重要的促进作用。

在现代体育运动项目教学中，许多教学活动都需要学生的共同参与，即便是以个人运动技能展示为主的体育运动项目。在运动技能练习过程中，也需要其他同伴的陪练，离不开各参与者的相互配合。因此，通过合作学习不仅能增加学生之间的默契配合，提高学生的合作意识和合作能力，还有助于良好的教学环境和氛围的形成。

（三）多元反馈教学法

新课程标准要求重视学生在体育教学中的地位，重视和谐师生关系的建立，多元反馈教学法正是强调教师与学生在学习过程中建立融洽合作关系的教学方法，该方法更加突出师生之间、生生之间进行信息交流与反馈的及时性。教学过程中，通过对学生的积极性、主动性和创造性的激发和调动，促使教学信息的多向传递，促进学生通过系统的知识学习实现自我发展。

多元反馈教学法在高校体育教学中是一种新的尝试。教学中，科学运用多元反馈教学法应注意以下几点：

第一，以信息的相互反馈为主要的线路，在教学过程中，教师与学生之间、生生之间、学生与教材及媒体之间都要做到对信息及时、有效地反馈，这也是提高体育教学效果的关键所在。

第二，教师要善于及时、准确地捕捉各种反馈信息，并进行整理分析，做出准确的判断，修正教学过程。

第三，教师应对所反馈信息的正、负影响做出准确的判断，及时地向学生进行反馈，使学生更好地了解自身存在的问题和不足，有针对性地进行改正，有效控制教学过程与结果。

（四）多媒体技术教学法

多媒体技术即 CAI 技术，是随着计算机信息技术的发展而获得发展的。多媒体教学技术应用于教学已经有较长的一段时间，且因其具有可嵌入度以及良好的交互性能深受师生欢迎。多媒体技术的发展使得体育教学的教学手段更加丰富。多媒体技术纳入体育教学中更多地应用于体育理论课教学。

相比于传统的教学手段，多媒体技术将体育运动相关录像、图片、Flash 等引入课堂教学，综合了学生视觉、听觉、视听觉内容，在包括体育运动在内的体育教学中得到了广泛应用，教学效果良好。

目前，各种教学多媒体设备、软件日益增多，越来越便携的输出设备使得学生在需要时可以随时观看视频或图片，手机、笔记本电脑、平板电脑的出现使得更多的课件可以以此为设备核心展开体育教学。

多媒体教学替代了传统的收录机、播音机、手鼓、节拍器等教学手段，体育教学更加智能，并表现出集成性、便捷、生动、立体、交互、实时、长久储存等特点。

（五）计算机网络教学法

计算机网络教学依托于计算机技术和网络通信技术，可以实现体育教学的生动、互动与高度交互。计算机网络教学改变了传统课堂教学的范畴，大大拓展了教学的时间与空间。

现阶段，计算机网络教学在高校体育教学中的运用，主要体现在校园教学学习网络的建立上。早期的 BBS 由教育机构或研究机构管理，当前许多著名高校的校园网站上都建立了自己的 BBS 系统，通过互联网介入教学。借助于校园计算机网络建设和学生的网络设备利用，可形成多元化的综合性校园体育网络课程教学体系。

和传统体育教学方法相比，在新的依托计算机网络的"教"与"学"的交互平台上，师生之间、生生之间可以利用在线交流、邮件、留言等形式实施互动，不仅有助于突破教学时间与空间的限制，还能提高教学维度，优化教学效果。

和多媒体技术教学相比，计算机网络教学更加智能化，教师所使用的教学资料和教学工具都是数字化、集成化的，课程内容以电子教材的形式呈现。网络课程教学过程中，可以实现网络即时模拟讲课、批改作业，在课内教学的基础上很好地解决了教学的延续性问题，师生的交互性更强，充分互动，并突出了针对性、实用性、趣味性，寓教于乐，可以促进学生体育运动学习和教师体育教学的教学相长的良性循环。

二、现代创新体育训练法

（一）模式训练法

模式训练法是根据规范式模型进行的训练。和其他训练方法相比，模式训练法主要有以下两个特点：

1. 信息化

必须先收集到有关该情景、环境、条件的信息，才能进行针对性的训练。

2. 定量化

训练内容、方法、步骤等应进行定量控制，以便随时调整、完善训练。

（二）动作组合训练法

动作组合训练是对多个技术动作的综合融合训练，适用于操类运动、球类运动基础技术动作练习。这种训练方法可令训练内容更加丰富、多变。

1. 动作递加法

递加法是通过两个和多个动作连接进行练习的方法。当教会一个动作或组合时，必须及时与前面动作或组合连接起来练习。训练操作如下：

（1）学练 A，学习 B，连接 A+B。

（2）学练 C，连接 A+B+C。

（3）学练 D，连接 A+B+C+D。

2. 过渡动作法

在新动作之前或组合与组合之间加入一个或一段简单易学的过渡动作的练习，操作示意如下：

（1）学练 A，学习 B，连接 A+B。

（2）学练 B，学习 B+N。

（3）学练 A+B+N。

（4）学练 C，连接 A+B+C+N。

（5）学练 D，连接 A+B+C+D。

3.动作组合层层变化法

层层变化法是在原有的组合中每次按顺序只改变一个动作，使之过渡到另一个动作组合的方法。操作示意如下：

（1）学练动作 A，动作 B，动作 C。

（2）改变动作 A 后，学练动作新 A，动作 B，动作 C。

（3）改变动作 B 后，学练动作新 A，动作新 B，动作 C。

（4）改变动作 C 后，学练动作新 A，动作新 B，动作新 C。

（三）信息化虚拟训练

信息化虚拟训练具体是指通过信息技术创新虚拟训练环境，注重运用现代生物力学技术与计算机技术模拟视觉效果，在虚拟的情境中进行体育训练活动。例如，篮球战术训练中，模拟 CBA 或国际比赛环境，运用 3D 或 4D 游戏场景引导学生戴 VR 眼镜进行战术感知；蹦床训练中，在虚拟蹦床比赛场景下促进学生进行高精度的蹦床训练，实现多维判断。

第三节　高校体育教学中多媒体技术的应用

一、多媒体教学技术的特征

（一）多媒体教学技术的多维性特征

所谓的多媒体技术的多维性特征，主要指的是多媒体教学技术所拥有的对信息范围进行扩展与扩大空间的能力，而此种多维性特征能够变换、加工、创作输入的信息，使其输出信息的表现能力得到增加，其显示效果得到丰富。例如，在高校体育教学开展的过程中，利用多媒体系统进行辅助，不仅能够保证学生对文本知识的学习，使其对静止图片进行观察，并且在多媒体技术的支持下，学生能够清楚地观察、了解体育教师的动作演示，使高校体育教学的效果得到加强。

（二）多媒体教学技术的集成性特征

所谓多媒体技术的集成性特征，主要指的是多媒体技术能够将不同类别的多种媒体信息有机地进行同步组合，如声音、文字、图像等，进而促进多媒体信息的完整性。此外，集成性还存在另外一层含义，指的是对这些多媒体信息进行处理的工具或者设备的集成，包括对视频设备、储存系统、音响设备、计算机系统等的集成。总而言之，指的是在提供的各种设备上将各种媒体紧密地进行关联，使文字、声音、图片与音像的处理实现一体化。

（三）多媒体教学技术的交互性特征

所谓的多媒体教学技术的交互性特征，主要指的是人和人之间、人和机器之间、机器和机器之间的交互活动，也就是人和机器进行对话的能力，即使用者同机器之间进行沟通的能力。这也是多媒体计算机系统不同于传统的音响、电视机等家电设备的地方。根据实际需要，人们能够选择、控制、检索多媒体系统，同时能够参与到播放多媒体信息与组织多媒体节目的行列中。传统的只能对编排好的节目进行被动接收的电视机形式已经被打破。

（四）多媒体教学技术的数字化特征

所谓的多媒体教学技术的数字化特征，主要是指在多媒体计算机系统中，各种各样的媒体信息都是以数字的形式在计算机中存放并得到处理。多媒体技术是在数字化处理的前提下被建立的，如以矢量方式储存与处理的图形，以点阵方式储存与处理的图像，以数字编码方式储存与处理的音频和视频。在数字化技术发展的背景下，多媒体教学技术得到了广泛的传播与发展。

上述是四种主要特征，多媒体教学技术还有其他的一些特征存在，通常来讲，还拥有分布性、综合性与实时性等特征。所谓实时性特征，主要指的是对于同时间相关的处理，如对声音与视频信号等的处理，还有人机的交互显示、操作与检索等操作都存在实施完成的要求。所谓分布性特征，主要指的是基于多媒体数据多样性的存在，在不同的时间与空间都会存在它的素材，并且在不同的领域中，它也得到了广泛应用。所以，多媒体产品的开发在需要计算机专业人才参与的同时，更加需要的是听、视专业的人才。而多媒体计算机系统存在比较明显的综合性，它不仅能够综合集成各种媒体设备，还能够综合处理各种信息，使它们成为整体，促进综合效应的产生，不再是单兵作战，而是文字、图片、声音与音像的有机组合。

二、多媒体在高校体育教学中的应用优势

多媒体教学技术通过文字和图形的形式，同动画、音频与视频相结合，将体育课程的教学内容进行立体的显示，具有表现形式和表现手段丰富多样、灵活多变的特征，使其独特的优势得到充分体现。

（一）多媒体技术使高校体育教学观念得到了更新

高校体育教学的传统教学模式是以教师的"教"为重心，在高校体育教学应用多媒体技术，能够使此种传统高校体育教学模式发生改变。体育教师在进行授课的过程中，对现代化的多媒体教学手段进行了应用，同时需要人机交互活动与学生间交流活动的开展，使学生的体育参与意识得到激发，将体育多媒体教学的教学思想进行展现，即以学生的"学"为中心。这能够极大地促进高校体育教学方法的实践性与多样性变革，改变学生体育知识与体育技能的学习思路与方式。

（二）多媒体技术使高校体育教师的教学质量得到提高

在体育课程的传统教学活动中，教师主要应用的教学方式是以讲授为主，挂图等展示方式为辅。在实践课中则需要体育教师进行讲解与示范，在主观条件与客观条件的约束下，很难做到完全规范、标准的技术动作示范，在较短的时间内，学生正确的动作概念也很难形成，只有体育教师才能够反馈出学生的体育学习状况，而这样的高校体育教学效果是可想而知的。

多媒体高校体育教学的实施使上述状况得到改变，在文字与图片的辅助下，体育课程的抽象概念得以具体化、形象化，而通过计算机，就能够对难度较高的体育技术动作进行模拟演示。而在对速度较快、结构复杂的技术动作进行讲解与示范的过程中，取得的效果将会更加明显。在多媒体技术的支持下，通过慢动作使学生对这一系列动作有了清晰的感知，促进相关体育概念的形成与动作要领的掌握，方便进行模仿与掌握，使高校体育教学的效率与效果得到极大的提高。

（三）多媒体技术使学生的体育学习效果得到提高

多媒体技术能够使人的视觉、听觉等多种感官系统得到刺激，促进大脑不同功能区域交替活动的开展，促进体育学习内容生动化、形象化的发展，增强高校体育教学活动的趣味性与直观性，方便学生对体育技术动作的理解。多媒体技术对字体、色彩、图表、音乐、动画和闪烁等多种表现手段进行了综合运用，保证"声图并茂""有声有色"，使高校体育教学内容的艺术表现力与强烈的感染力得到增强，使高校体育教学的课堂氛围得到活跃，特别是多媒体高校体育教学资料中对肢体和谐美、力量美与技艺美的体现，使高校学生对体育的功效与个性的社会价值取得真正的认识，使他们的求知欲与体育学习的热情得到激发，进而使学生的体育学习兴趣与体育课堂教学质量得到有效提高。

三、多媒体 CAI 在高校体育教学中的应用

（一）目前我国 CAI 的发展现状

目前，CAI 正迎来一个多媒体大面积教学的时代，即使用先进的计算机技术、多媒体技术、网络技术、通信技术和设备，"让最好的教师面向最广大的学生的时代"。所以，保证 CAI 课件大数量、高质量的发展具有十分深远的意义。

（二）多媒体 CAI 的发展趋势

对近年来在 CAI 中多媒体技术的应用情况进行综合分析，可知多媒体 CAI 的

应用存在三方面的发展趋势，具体如下。

1. 呈现网络化的发展方向

计算机技术的不断发展，尤其网络技术的迅猛发展，使人们的生活方式与工作方式产生了很大的变化。网络技术的发展需要多媒体技术的支持，而多媒体技术需要在网络中得到应用，进而使网络的表现力得到增强。在网络中应用 CAI 课件，能够保证"最好的教师面向最广大的学生"，进而使多媒体 CAI 的群体教学模式得以实现。

2. 呈现智能化的发展方向

从功能上来讲，多媒体教学软件与智能教学辅助系统之间存在着互补的关系，如果能够将两者进行结合，那么就能够在规避短处的同时发扬长处，进而使得性能较高的新一代多媒体 CAI 系统顺势而生。如果想要使多媒体 CAI 具备一定的智能性，那么就不仅需要同人工智能领域的知识表达与知识推理紧密联系在一起，还需要对学生模型的建构问题进行考虑。在人工智能领域的知识表达与知识推理问题上，需要探求出一种能够与多媒体环境相适应的新型的知识表达方式及与之相对应的推理机制。

3. 呈现虚拟现实的发展方向

虚拟现实的英文全称是 Virtual Reality，简称为 VR，属于一种交互的人工世界，需要多媒体技术同仿真技术有机结合，在此种人工交互的情境中对一种身临其境的感觉进行创造。通常来讲，如果想要融入虚拟现实的环境中，那么就需要戴一个特殊的头盔与一副特殊的手套。

在高校体育教学中应用 VR 技术，具有十分广阔的前景。例如，我们可以对一个"虚拟物理实验室"的系统进行建造，这种系统能够帮助学生开展各种各样的虚拟实验，如万有引力定量实验等，进而深入地了解物理的概念与规律。

随着多媒体技术与仿真技术的不断发展，VR 实现的理论与方法也不断发展。例如，美国城市设计与规划专业的学生利用这套系统，能够对一座虚拟的城市进行设计、制作，如果学生能够改变城市场景的视图，那么就能够对观光浏览真实幻觉的出现起到一定的促进作用。

（三）同传统的高校体育教学方法相比，多媒体 CAI 具有的优势分析

在高校体育课堂教学活动开展的过程中，由于高校体育教学内容与高校体育教学任务方面存在着一定的需求，因此，多媒体 CAI 能够科学、合理地对现代化教学媒体进行选择并应用。而信息的全方位传递需要人体的多种感官同时对媒体组合开展的系统教学进行反馈与调控，在高校体育课堂教学开展的过程中，保证它的存在是始终有效的，从而实现高校体育教学过程的优化。

多媒体 CAI 高校体育教学同传统的高校体育教学活动相比较，存在的优点有以下几种。

1. 体育教师在指导学生体育学习过程中对其系统进行利用

在现代化高校体育教学中，计算机能够对大量的教学相关信息进行承载，能够按照高校体育教学的实际需要开展人机对话，并且能够对各种各样的高校体育教学活动随意地调用、开展。

2. 可帮助学生尽快地建立动作概念

如果能够将多媒体 CAI 应用在体育课堂教学过程中，就能够促进力量教学效果的获得。例如，体育教师在对足球理论课进行教授的时候，提到"越位"这一概念时，大部分学生对此概念能够有很好的理解，然而，在具体的实践中却不能较好地掌握。在进行表达的过程中，体育教师可以利用画图的形式，同时能够对声像资料进行应用，将足球比赛活动中一些典型的与不典型的"越位"镜头编辑在一起，从各个角度出发，向学生及时展示什么是"越位"，同时要将经过反复推敲的解说词加入其中，使学生的各个感官都得到调动，从理性上与感性上使学生对这一概念进行理解。

3. 向学生及时、准确地反馈其学习进程，使体育学习效率得到提高

在传统的高校体育教学过程中，教师在对跳远动作进行教学的时候，会对学生做出的不规范腾空动作或者是没有达到规定标准的动作进行指出，但是有时候学生可能并没有意识到动作的错误，因此导致教师和学生之间出现了沟通障碍。想要消除掉此种障碍，就需要在体育教师的悉心指导下，学生对某一种动作一遍一遍地不断重复，并且在不断的重复练习中，对动作的要领不断体会。如果是在学生需要改

进某一个成型动作或者使自身运动成绩得到提高的时候，就可能会导致学生训练水平较低与成绩提高得较慢。如果体育教师对每一次学生做的跳跃动作进行录制，进行慢动作处理，再组织学生进行观看，可使学生及时发现存在的问题并予以纠正。还可以事先录制一些优秀学生所做的这一动作，再将两者进行对比，就能够很明显地看出两者之间的区别。此外，这套多媒体 CAI 在专业运动员训练中也同样适用。

4.使学生的体育学习兴趣提高

在传统的高校体育教学活动开展过程中，鉴于单调的高校体育教学形式与落后的高校体育教学手段的存在，使学生由于学习过程反复、辛苦、无聊而产生不能积极应对学习的心理状态，这种状态想要调整过来是不容易的。同时，多媒体 CAI 具有的形式是新颖的、变化多样的，能够对学生的心理状态进行调节，同时能够有效刺激学生自身的求知欲，从而使学生的体育学习效率得到一定的提升。

综上所述，多媒体 CAI 能够刺激学生的各种感官，对知识或信息进行最大限度的吸收。多媒体 CAI 在高校体育教学中的应用，能够促进高校体育教学软件多媒体化的发展，能够使学生心理上的不同要求得到更好的满足。它能够将信息编码成图像，经过同步识别以后，保证高校体育教学课件的声图并茂、绘声绘色且清晰，便于理解，使学生更加容易接受。

（四）体育多媒体 CAI 课件设计

体育课件的结构主要包含两个主要部分，即原理教学模式与训练教学模式。而对体育多媒体 CAI 课件而言，总体的结构组成是高校体育教学内容与高校体育教学目标，其主要目标是使学生对体育基础知识和基本技术、技能进行掌握，使学生的身体素质得到增强，使学生的良好思想品德得到培养，促进学生观察能力与模仿能力的提高。而体育多媒体 CAI 课件的主要内容由理论课与实践课构成。

1.体育多媒体 CAI 课件设计步骤

体育多媒体 CAI 的设计主要包含四个主要步骤，具体内容如下。

（1）体育多媒体 CAI 课件设计的第一阶段

在体育多媒体 CAI 课件设计的第一阶段，首先要对题目进行确定，目的在于对课件设计所依据的规范进行了解。

（2）体育多媒体 CAI 课件设计的第二阶段

在体育多媒体 CAI 课件设计的第二阶段，要对脚本进行撰写。撰写脚本的目的是对高校体育教学的内容进行安排。主要由具有丰富教学经验的高校体育教师负责撰写。

（3）体育多媒体 CAI 课件设计的第三阶段

在体育多媒体 CAI 课件设计的第三阶段，需要编制软件，在前两个阶段中还只是纸上谈兵，但是在这个阶段，不再是字面上的，而是课件的实际材料。在这一过程中需要做的工作有三项：①通过对多媒体编辑工具的利用，对多媒体数据进行准确编写；②通过多媒体的著作工具对多媒体课件进行制作；③对相关的程序进行编制。

（4）体育多媒体 CAI 课件设计的第四阶段

在体育多媒体 CAI 课件设计的第四阶段，需要测试、检验。在完成体育多媒体 CAI 课件的开发、设计工作以后，就需要进行测试、检验。主要目的在于对体育多媒体 CAI 课件的运行情况进行测试，从而对课件能否达到规定的目标进行测验。

2. 体育多媒体 CAI 课件的选题原则

我们需要承认的是，体育多媒体 CAI 课件的特点与优势是非常强大的，然而，有时候也会有相对的不足与局限存在，因此，在完成教学任务的过程中，不能过分依赖体育多媒体 CAI 课件，还应该对高校体育教学目标、高校体育教学条件、高校体育教学资源与高校体育教学内容进行考虑，保证选择的最优化，并精心设计。更要同其他教学媒体紧密联系在一起，组合应用，才能扬长避短，使更加高效的教学系统得以构成。

我们首先要对体育多媒体 CAI 课件设计的价值进行考虑，即这堂课是否必须使用课件。如果传统的教学方式就能够达成良好的教学效果，就没有必要花费大量的精力去对体育多媒体 CAI 课件进行制作。所以，在对体育多媒体 CAI 课件的内容进行确定的时候，通常很难使用语言对高校体育教学过程中的难点与重点进行清晰的表达，在这样的情况下，使用体育多媒体课件的形式是比较合适的。之所以这样，主要原因是体育多媒体课件自身具备较为丰富的功能，能够将声音、视频、动画、效果汇集在一起，能够更贴切地模拟自然、表现自然，或者是在实验条件的支持下，通过局部放大、旋转与重复等多种方式进行展现，从而有效地突破高校体育教学的重点与难点。对模拟训练的目标而言，初级训练比较适宜对多媒体形式进行应用。体育多媒体具有比较强大的模拟功能，能够有效地实施高校体育教学中的各种模拟技能训练。例如，对于一些进展比较困难的危险实验和实际操作中周期较长或者代价较高的实验进行替代。但是，需要注意的是，在选择高校体育教学内容的时候，应该选择那些不存在演示实验或者是演示实验不容易做的教学内容进行使用。

3. 体育多媒体 CAI 课件的设计原则

（1）体育多媒体 CAI 课件设计的结构化分析原则

在体育多媒体 CAI 课件进行设计的过程中，应该遵循结构化分析原则，而我们这里所说的结构化分析原则，主要是指设计体育多媒体课件的时候应用系统分析的方法，按照结构要素组成对事物进行依次的分解，等到对所有的要素都能够清楚地进行理解与表现的时候，就能够停止对事物的分解了。基于结构化分析原则下的体育多媒体 CAI 课件，能够对高校体育教学的内容进行层次清楚的表达，纲举目张，不管是从系统宏观来讲，还是对局部细节而言，所做的认识都是非常详尽的，因此，对于体育多媒体 CAI 课件中框架的展开与学科内容的设计都能够起到一定的促进作用。

（2）体育多媒体 CAI 课件设计的模块化分析原则

所谓的体育多媒体 CAI 课件设计的模块化分析原则，主要是按照结构化分析的框架图指示，将相同或相近的部分设计成模块，使其相对独立，用模块图表示出单一功能模块组成的结构，由此对课件系统及与之相应的功能结构进行确定，进而为结构化编程创造良好条件。

诸多实践证明，体育多媒体 CAI 课件的模块化设计不仅减轻了繁杂的内容编程的负担，还可保证课件的风格统一、制作程序化。

（3）体育多媒体 CAI 课件设计的个别化教学原则

在对高校体育教学内容进行选择与组织的时候，应该具有广泛的适应性，应该保证某一层次的所有学生都能够适用。同时，根据学生能力的差异，对相应的高校体育教学程序和对策进行设计。例如，学生能够对学习的深度和广度进行控制，并对自己的学习进度进行确定。

（4）体育多媒体 CAI 课件设计的反馈和激励原则

体育多媒体 CAI 课件对每一个学生所做出的反应都应该和与之相对应的信息进行反馈。在体育多媒体 CAI 课件中，要保证友好的交互界面，充分调动学生体育学习的积极性，使学生始终处在良好的学习状态中；同时，还要及时、有效地强化高校体育教学的效果，使及时正向激励的作用得到有效的发挥。

（5）体育多媒体 CAI 课件设计的贯彻教学设计原则

对体育多媒体 CAI 课件的设计而言，其理论与方法在将体育课堂教学呈现包含在内的同时，也存在体育多媒体 CAI 课件进行设计的方法与原则。在对高校体育教学的结构与内容进行设计的过程中，体育教师不能单纯地依靠传统的方法与经验对高校体育教学结构与内容进行设计；同时，要适当地使用系统的技术和方法，对高校体育教学目标的设计与分析，以及高校体育教学的诊断工作进行实施。

4. 设计体育多媒体 CAI 课件的具体方法

体育教师在开始制作体育多媒体 CAI 课件之前，应该明确课件设计工作的重要性。现阶段需要注意的是，在高校体育教学过程中，体育多媒体课件发挥的作用不是主要的，只是辅助性的。在体育课堂教学开展的过程中，教师仍然发挥着主导作用。只有将体育多媒体 CAI 课件的设计工作做好，才能够制作出更多优秀的课件。所以，在设计体育多媒体 CAI 课件的过程中，可以从以下几方面进行考虑。

（1）从体育多媒体 CAI 课件的可教性方面进行考虑

制作体育多媒体 CAI 课件的主要目的是使体育课堂教学的结构得到优化，使体育课堂教学的效率得到提升，在保证促进体育教师教的同时要促进学生的学。所以，在设计体育多媒体 CAI 课件之前，我们应当对其存在的教学价值进行优先考虑，也就是说，对于这堂课是不是有必要使用体育多媒体 CAI 课件进行考虑。通常来讲，如果仅仅使用传统的高校体育教学方式就能够使良好的高校体育教学效果得以实现，那么花费大量的精力对体育多媒体 CAI 课件进行设计就没有必要。所以，在制作体育多媒体 CAI 课件的内容以前，应该尽可能地对那些不存在演示实验，或者是演示实验不容易做的高校体育教学内容进行选择、应用。

（2）从体育多媒体 CAI 课件的易用性方面进行考虑

对体育多媒体 CAI 课件而言，应该能够清楚地表达出高校体育教学的目标、高校体育教学的步骤与高校体育教学的具体操作方法；同时，即在同本机脱离的情况下，在其他的计算机环境中，体育多媒体 CAI 课件也能够运行成功，因此需要注意几方面的具体内容。

①体育多媒体 CAI 课件应该便于安装，且能够随意拷贝到其他硬盘上使用

首先，体育多媒体 CAI 课件应该保证启动比较快速，避免体育教师和学生焦急等待的情况出现。其次，体育多媒体 CAI 课件应该尽可能占据较小的空间，对于体育多媒体 CAI 课件越大越好的错误观念必须纠正。

②体育多媒体 CAI 课件应该具备友好的操作界面

对体育多媒体 CAI 课件而言，其操作界面应该包含一些具有明确意义的按钮和图片，同时要能够通过鼠标进行操作，对于一些特殊的情况要尽量避免，如键盘操作复杂等。此外，应该合理设置体育多媒体 CAI 课件各个部分间内容的转移，保证方便地操作跳跃、向前与向后等步骤。

③体育多媒体 CAI 课件的运行要保证一定的稳定性

对于体育多媒体 CAI 课件而言，在其运行过程中应该保证一定的稳定性，如果体育教师在操作体育多媒体 CAI 课件时出现了错误，那么就十分容易导致退出的情况，也会出现计算机重新启动的情况。因此，在体育多媒体 CAI 课件具体的操作过程中，体育教师应该尽可能地避免死机的情况出现，保证体育多媒体 CAI 课件运行过程中的稳定性。

④体育多媒体 CAI 课件要保证及时进行交互应答

在体育多媒体 CAI 课件运行的过程中，应该保证及时地进行交互应答，而不能将体育多媒体 CAI 课件等同于电影。同时，体育教师应该高度重视学生的学，学生学习的过程是循序渐进的，应为学生留出更多的思考余地。

（3）从体育多媒体 CAI 课件的艺术性方面进行考虑

对一个体育多媒体 CAI 课件而言，它的演示在保证良好高校体育教学效果的同

时，还应该是令人愉悦的，只有这样，才能够将美的享受提供给体育教师与学生。如果上述两项因素都能够保证，那么就表示这样的体育多媒体 CAI 课件存在着较强的艺术性特征，完美地融合了优秀的内容和优美的形式。值得注意的是，想要实现这两个目标并不容易。想要实现这些内容，体育教师不仅应该具备一定的美术基础，还要存在一定的审美情趣。

体育多媒体 CAI 课件的艺术性特征主要表现在：具有柔和色彩的操作界面，科学合理地进行搭配，画面应该同学生的视觉与心理产生共鸣；为了能够保证将更加逼真的图像呈现出来，可以考虑使用 3D 效果；对于画面的流畅性要做出保证，避免停顿、跳跃的现象出现，需要注意的是，体育多媒体 CAI 课件画面中最多只能存在两个运动对象；此外，不仅要有优美的音色，还必须通过适宜的配音进行辅助。

5. 体育多媒体课件创作工具的选择

如果能够恰当地选择体育多媒体课件的创作工具，就可以使体育多媒体 CAI 课件的具体实施产生更加理想的效果。在本章节内容的分析与研究中，笔者主要从以下几方面简单地分析比较典型的体育多媒体课件的创造工具与开发工具。

（1）选择体育多媒体创作工具的基本原则

在体育多媒体课件创作的过程中，工具的主要用途是当用户编排、制作各种各样的节目时，能够起到一定的促进作用。多媒体的创作工具通常是交互的设计环境与易懂、通俗的高级编著语言，能够为用户编制各种内容提供便利。

①高效原则

在体育多媒体课件创作的过程中，会对多媒体的开发、创作工具进行应用。多媒体开发、创作工具的特点主要有：容易实现、具有丰富多样的效果、较高的媒体集成度、看到的就是得到的，在体育多媒体课件备课与课件开发方面，具有十分明显的效率优势，这一点是传统的"语言"系统做不到的。

②易用原则

对同一种知识而言，如果通过 1000 名教师进行教授，自然就会存在 1000 种不同的教学方式。而体育多媒体课件的实际操作具有简单、便捷、方便、容易使用等多项特征，如果想要体育教师真正地接受并使用它们，就需要体育多媒体课件的使用方法能够在较短的时间内被体育教师所掌握，即便这个体育教师对程序设计一窍不通，甚至对计算机的操作也了解甚少。

③开放原则

在高校体育教学开展的过程中，可以使用的素材是富有变化的，因此，必须有一个几乎被所有多媒体格式都能兼容的体育多媒体课件创作开发平台，在能够提供或者应用各种各样的高校体育教学素材的同时，能够支持各种各样的输入设备的格式。此外，还应该保证所有素材都能够得到充分利用，自己的产品不管在哪一台计算机上都能够适用。

④价廉原则

体育多媒体课件创作工具的价廉原则是一种共同要求，在任何一个领域中都适用。当然，"质优"是必要的前提。

（2）体育多媒体课件创作工具简介

在体育多媒体教学课件创作的过程中，选择体育多媒体创作工具的时候必须对其存在的功能进行了解。通常来讲，体育多媒体课件创作工具具备的功能有很多。例如，为体育多媒体的编程营造良好氛围；多媒体数据管理功能，超文本功能，超媒体功能，对于体育多媒体数据的输入和输出都能够有效地支持，连接各种应用的功能，友好的用户界面，制作、编排动作的功能。

在体育多媒体教学课件创作的过程中，如果体育多媒体的创作工具存在于不同的界面中，那么就会存在不同的创作特点与创作风格；同时，每一种风格都有优点与缺点。对这些界面的创作工具的选择，主要依据个人的偏爱与需要。例如，如果仅仅是对学术会议的报告与研究生答辩内容进行制作，就不需要通过复杂的编程软件来完成制作，只需要对幻灯创作工具进行选择、使用就可以了。但是，如果想要对某一个领域中的教育教学软件进行制作，以便更好地辅助个别化教育训练的开展，或者是在实际操作练习中使用，就应该选择具有较强交互性的多媒体创作工具。

四、基于 Web 的体育多媒体网络课件的教学设计

（一）体育多媒体网络课件设计特点

基于 Web 的体育多媒体网络课件的设计，主要对高校体育教学过程中学生的中心地位进行了强调。在主动获取知识的环境下，教师和学生的地位、作用与传统教学方式相比已发生了很大的变化，相应的教学设计理论与传统教学相比也出现了差异。因此，就需要围绕以学生为中心、强调教师与学生充分交互这一原则对体育多媒体网络课件进行设计，以保证能够设计出体现网络教学特点的软件。

1. 对"以学生为中心"的思想进行强调

在体育多媒体网络学习的过程中，应该使学生自身的主体性作用得到有效的发挥，使高校体育教学课内与课外相结合、体育锻炼活动自觉参与的精神得到展示。应该保证学生能够在自身练习反馈信息的支持下，形成对高校体育教学理论与方法的独到见解。

2. 对情境在获取知识中的重要性进行强调

对于高校体育教学信息的接收与传递不等同于知识建构的问题进行强调，在体育课程建构中，要开展一系列的相关学习活动，促进现有认知结构中的一些相关经验能够被学习者有效地利用，使他们对现阶段所学的体育课程教学的新知识可以更好地固化、索引，进而将某种特殊的意义赋予到新的高校体育教学知识中。因此，在对体育学习情境进行构造的过程中，必须强调知识点与知识点之间的结构关系，注意不能只是简单地罗列高校体育教学内容。

3. 对协作学习发挥的重要作用进行强调

在体育多媒体网络课件设计的过程中，对于学习者与周围环境之间的交互作用，还有网络环境能够强化协作学习环境的作用进行充分、有效的发挥，这对于学习者充分理解高校体育教学内容有着非常重要的作用。

4. 对学习环境的设计进行强调

我们这里所说的学习环境，通常指的是学习者能够自由地进行学习与探索的场

所。在学习环境中，学生为了使自身的学习目标顺利实现，需要充分地利用各种信息资源与工具。基于 Web 的体育多媒体网络课件的设计，要在以学生为中心思想的指引下开展，并不是对高校体育教学环境进行设计，而是针对学习环境展开一系列的设计。

5. 对学习过程中各种各样信息资源的有效利用进行强调

在体育多媒体网络学习开展的过程中，为了有效促进学习者对知识的主动获取与探索，需要将更多有效的各类信息资源提供给学习者；与此同时，为了促进学生自主学习活动与协作式探索的顺利开展，对于这些媒体与资源应该要科学合理地利用。因此，在选择、设计同传统课件设计相关的教学媒体问题上，需要应用全新、有效的处理方式。例如，充分考虑到如何获得信息资源、获取信息资源的途径有哪些、怎样有效利用信息资源等多项问题。

（二）高校体育教学内容的选择与组织

只有对高校体育教学内容精心选择和组织，才能够使 Web 的优势得到充分利用。具体包含以下几方面的内容。

1. 教学内容的多媒体化

在高校体育教学开展的过程中，不仅可以对文字和图片进行使用，还可以利用声音、动画和视频。如果高校体育教学内容具备多元化的形式，那么也要综合地设计高校体育教学内容的形式，综合利用文字形式、图片形式、声音形式、视频形式与动画形式等多种高校体育教学手段，翔实地解说体育运动技术动作的要点、方法、难点、练习方法、容易犯的错误、纠正错误的方法等多方面的问题。

2. 补充体育课程教学相关内容与链接

在体育课程教学开展的过程中，不仅可以将体育课程教学大纲要求的内容引入教学中，还可以融入大量的相关信息与知识。例如，在"篮球"教学中，不仅仅包含体育课程教学大纲中规定的一些技术教学内容与战术教学内容，同时对篮球运动的所有技战术进行了扩展，还补充了篮球运动技战术实战应用的内容。在完成体育课程教学大纲要求内容的同时，使爱好篮球运动的学生能够在相关网站上学习国内外先进的篮球运动技战术、教学与训练相关内容。

3. 高校体育教学内容动态更新

在体育课程网络教学开展的过程中，学生体育学习教材由体育教师负责编写的传统方式已经不再适用了。之所以这样，主要是因为在体育课程网络教学中，对于高校体育教学课件的相关内容，学习者可以自由地进行浏览，同时能够通过网上教师答疑解惑与课程互动讨论等教学手段对高校体育教学内容进行讨论，可以提供一定的修订意见，促进高校体育教师与学生对教材进行共同编撰的可行性的实现。经过体育相关教材的共同撰写以后，对自身的问题与意见，学生能够进行充分的表达，从而使学生的参与感大大得到提高。

（三）体育多媒体网络课件的结构设计

在设计体育多媒体网络课件结构的时候，需要考虑的因素有高校体育教学的目标、高校体育教学的内容、交互方式的性质。体育多媒体网络课件结构主要建立在高校体育教学内容的基础结构上面，它可以保证体育多媒体网络课件的相关教学功能与大致框架得到充分的反映。

对体育多媒体网络课件而言，其总体结构主要由两个部分构成，分别是高校体育教学的内容、网络交互。高校体育教学的组成内容，不仅包含体育课程教学大纲要求的全部内容，还包含一些扩充性的知识。在高校体育教学网络手段应用的前提下，大量同体育课程教学核心内容相关的补充性知识与体育课程教学内容能够有机融合，进而促进高校体育教学资源特定环境的营造，对那些有着不同兴趣、爱好的学生而言，能够保证他们的个性化学习活动得到支持。引入大量扩充性知识极大地丰富了体育多媒体网络课件的内容。对体育多媒体网络课件而言，其主要内容包含了体育理论课的教学内容与体育实践课的教学内容。

体育多媒体网络课件包含了多项内容，如相关课程的介绍、课程讲解的要点内容、教师答疑解惑、课程讨论、作业处理与课程公告，等等。其中，相关课程的介绍主要有对学习总体目标的介绍、考核的办法、学习方法、学习进度与课时安排等的介绍；课程讲解的要点内容主要有每一个项目的教学任务、技术动作的要点、技术动作的难点、练习方法、容易犯的错误与纠正的方法等。

（四）撰写脚本与设计素材

多媒体手段的引入使高校体育教学内容的形式得到多元化的发展，在体育网络课件撰写中，需要对素材的撰写和设计进行考虑。我们这里所说的素材，主要包含文字、图形图片、声音、动画和视频等，对于这些不同类素材之间的连接关系也要进行考虑。

1. 文字脚本的撰写

通常对软件进行利用，来实现文字脚本的撰写，在内容上，不仅仅要对高校体育教学的知识点进行考虑，还要利用文字清晰地表达出教师的讲解，另外要在引入图形图片、动画及视频的文字处及超文本链接处做出标记，以便后期的制作者使用，所以在字数上，文字脚本是传统教材的 2 ~ 5 倍。

2. 声音脚本的撰写

在网络条件的制约下，如果在高校体育教学网络课件中对大量的声音文件进行应用，很有可能会降低其最终的运行速度，所以，声音文件的使用只能在特别需要的地方才可以，如对动画的解说、对视频的解说等。同时，在对这一类别的声音脚本进行撰写的时候，首先要考虑的是目标动画与目标视频，同时按照动画的解说与视频的解说，对时间与内容进行配音。需要注意的是，应该保证配音脚本的精练化，同时将动画与解说的过程、配音的过程紧密地联系在一起。

3. 关于图形图片的设计

我们常说的图片，就是指利用拍照技术生成的图片。当体育教师向学生讲解高校体育教学内容的时候，可能需要使用大量的图片。我们常说的图形，就是指利用计算机的相关软件绘制出来的示意图，如篮球运动技战术配合的相关线路。在对图片进行拍摄以前，体育教师应该对每一个技术动作按照文字讲解的实际需要进一步设计照片拍摄的地点与数量。

4. 关于动画的设计

我们这里所说的动作，主要是指动态的图形或图片。在基于 Web 的体育多媒体网络课件中，动作的使用只是为了表达一些原理性的内容。例如，体育教师在讲解球类运动的战术配合问题的时候，就需要应用到二维动画。在对相关动画进行设计的时候，首先需要进行设计的就是最原始的静态图形，然后需要通过文字与图示对初始动态图形的每一个变化过程进行说明，同时要编写相应的解说文字。对动画脚本而言，其主要构成有每一步动作的图形、说明性的文字与线条、图片中的文字提示、解说的文字等。一般来讲，一套规范的制作表必须要通过制作人员和脚本撰写人员一起来进行商讨、确定，这对于撰写脚本与双方交流活动的开展能够起到一定的促进作用。

5. 关于视频的设计

在基于 Web 的体育多媒体网络课件设计过程中，视频的拍摄类似于图片的拍摄。通常来讲，视频的拍摄和图片的拍摄在步骤上是一致的。同时，如果拍摄过程中使用的是数字摄像机，那么图片拍摄与视频拍摄事实上就处在同一个过程中。

6. 关于功能的设计

对基于 Web 的体育多媒体网络课件而言，其功能的设计内容主要有对于课件界面的层次选择、导航模式设计、按钮的选择、功能按钮的确定、课程内容展示方式的确定、类型不同素材的连接方法确定、课件内容文件结构的确立，等等。功能设计的目的主要是最大限度地使用多媒体网络手段，以便使特定内容对教学活动辅助作用的完成起到一定的促进作用。在基于 Web 的体育多媒体网络课件中，按照总体结构的相关要求，通常通过三级结构对界面进行设计，分别是主要界面（也就是网络课件的主页面）、选择内容的界面、讲解内容的界面。

在基于 Web 的体育多媒体网络课件的主要界面中，通常存在两组可以选择内容的按钮，分别是高校体育教学内容组按钮、网络交互组按钮。可以适当地减少页面切换的数量，从而提升基于 Web 的体育多媒体网络课件的运行速度。因此，在选择内容的界面，在设置每一章节内容选择按钮的同时，要设置每一章节的切换按钮。针对某一个高校体育教学内容，综合利用各种形式的高校体育教学手段，可以采用的高校体育教学手段有文字介绍、动画讲解、图像图片、录像片段等。不仅如此，基于 Web 的体育多媒体网络课件还可以设置其他超文本链接形式的按钮，友情地链接到其他网站。在基于 Web 的体育多媒体网络课件中，其界面存在的各式各样的按钮充分考虑了学生的各种需求。此外，可以科学合理地增加按钮的趣味性与动态效果。

基于 Web 的体育多媒体网络课件的主要作用是，使实践课中理论讲授时间紧且不系统的问题得到较好的解决，可在网上将体育课的教学内容完整系统地进行讲授，供不同需求的学生在网上进行个性化学习；可以利用多媒体手段对体育运动技术动作要领进行形象生动的讲解，保证统一的、规范的动作，便于学生重复多次地进行观摩与学习，从而保证基于 Web 的体育多媒体网络课件对课外体育锻炼能够起到很好的辅助作用；对于网络上提供的条件应该充分地利用，对于相关的问题，体育教师应该指导学生进行讨论，并且为其答疑解惑，等等。

基于 Web 的体育多媒体网络课件，其应用与发展在对高校体育教学手段与高校体育教学方法进行改革与创新的同时，会在一定程度上影响体育教育理论的发展与高校体育教学模式的发展。未来多媒体课件中的一种重要形式就是基于 Web 的体育多媒体网络课件，同时它将成为网络教学发展的重要资源基础之一。

第四节　高校体育教学中微课的应用

一、关于微课

（一）微课的概念

所谓的微课，主要是指以视频的方式把教师在课堂内外教学活动开展过程中传授的教学环节或者强调的主要知识难点与重点进行展示的一种新型的教学资源。微课作为一种全新的教学模式，能够使学生的碎片化学习活动随时随地进行。

（二）微课的组成

对微课而言，其组成内容的核心就是示例片段，也就是课堂教学视频。不仅如此，也有同某个教学主题相对应的辅助性教学资源，如素材课件、教学设计、练习测试、教师点评、教学反思和学生反馈，等等。在一定的呈现方式和组织关系下，它们共同营造了资源单元应用的"小环境"，而这里所说的资源单元具有的显著特征是主题式的半结构化单元资源，因此，微课同传统单一资源类型的教学资源之间是有一定的差异的，主要表现在教学设计、教学课例、教学课件与教学反思等方面；同时，微课与上述这些教学资源之间存在着一定的联系，即微课作为一种新型的教学资源，其发展基础就是上述的这些教学资源。

（三）微课的特点

1. 碎片化

微课视频具有 10 分钟左右时长，将课程教学过程通过清晰的视频录制的方式进行呈现。

一堂传统课堂教学的时间是 45 分钟，而原有的段状课程在微课的作用下，逐渐向点状课程转变，促进了更加精华、细致课程内容的出现。因此，学生除了课堂教学的时间以外，还可以利用课外的零散时间。例如，当学生排队等待就餐的时候，可以利用这一小段时间进行学习。所以，微课的显著特点之一就是碎片化。

2. 突出重点

基于学生的学习特点，在微课显著碎片化特点的影响下，对于教师的教学能力，微课也提出了更高的要求。在微课视频的 10 分钟展示时间内，要求教师将严谨的逻辑性进行体现的同时，要将课程内容的重点与亮点凸显出来，真正地抓住学生的学习重点，才能够使学生的学习兴趣得到更好的激发。

3. 较强的师生交互性

微课作为一种新鲜的课堂形式，它的出现在满足学生知识渴求与猎奇心理的同时，能够有效改善传统教学模式中教学内容单方面输出的情况。在微课教学开展的过程中，教师与学生之间的互动性得到加强，不仅及时收集了学生课程学习的兴趣点，对于学生存在的疑问，教师也能够及时进行回答。这无疑会为教师课程后期的设计提供便利条件，使学生的知识渴求得到一定的满足，进一步提升课程的教学效果。

4.能够反复多次使用

在微课模式下，学生能够按照自身的实际需要，随时随地进行体育学习活动。例如，在课程开始之前，学生可以通过微课来预习运动技能，巩固难点和重点，练习课后的动作，等等。这些微课学习途径，在进一步提升教学效果方面都能够发挥有效的促进作用。此外，对微课教学模式的使用，还可以使学生的学习积极性得到增强。

二、微课在高校体育教学中的应用

由于微课存在碎片化、突出重点、较强的师生交互性与可重复利用的特征，从体育微课的基本设计原则出发，开发质量较高的体育微课，可以进一步改善当前高校体育教学的现状，使学生的学习兴趣得到提高。对于体育微课的应用要始终去探索，一般来讲，在高校体育教学中，主要在以下几方面将高校体育教学中微课的应用体现出来。

（一）微课在学生体育需求调研中的应用

鉴于高校体育教学传统模式同高校体育教学内容间存在的关联，在高校体育教学实践活动正式开始前，体育教师应该按照课程逻辑将高校体育教学内容中的难点与重点提取出来；同时，应该同现阶段体育栏目与体育热点新闻相结合，对体育微课进行制作，之后再将已经制作完毕的体育微课利用移动互联网的各种渠道实施学校范围内的广泛传播，通过对学生的点击率与评论内容的考察，体育教师能够有效地评定体育微课内容的合理性，保证体育教师更加深入地了解到学生的兴趣与期待。此外，在前期对体育微课进行传播，能够有效地使学生体育学习的积极性得到调动，使学生更加期待即将学习的新内容，使学生的被动学习转变向主动学习，进而提升学生的体育参与度。

（二）微课在体育课程设计中的应用

对体育微课而言，它不仅弥补了传统高校体育教学模式的不足，还是多媒体时代下高校体育教学发展的必然结果。微课的出现，使得原本的体育课程设计得到了重新定义，因此，就需要保证体育课程有理有据、有血有肉。在高校体育教学开展的后期阶段，对以往室内体育理论课与室外实践课分开开展的体育课程设计进行改变，将两者进行融合。同时，对于多媒体时代大数据的时代特征进行考虑，在设计室内理论课的时候，可以以教师和学生的信息数据交流为主，使他们的头脑风暴在体育课程中掀起，呈现出更加公平、更加自由的体育课程。在这样的形式下，体育教师的教学思维能够得到进一步的更新，使学生体育学习的热情得到提升。

（三）微课在体育课程教学中的应用

一方面，基于体育时事热点与体育课程的新内容等方面，体育教师能够对新颖的体育新课进行设计，并制作成微课，在体育课堂教学开展过程中，组织学生集体观看，主要目的在于吸引学生的注意力，激发他们的体育学习兴趣；另一方面，在高校体育教学实践活动开展的过程中，体育教师可以将复杂动作的教学制作成微课，在体育课堂教学过程中重复地向学生播放，将更具体、更直观、更生动、更形象的高校体育教学过程呈现出来。

体育教师可以根据新课内容和时事体育热点等方面设计新颖的新课导入微课，在课上给学生观看，目的是使学生的注意力得到吸引，使学生的学习兴趣得到激发。另外，对于高校体育教学中复杂的教学动作，教师可将其制作成微课，在上课过程中向学生重复播放，使高校体育教学内容更生动、更直观、更形象、更具体。

（四）微课在体育课后辅导中的应用

对高校体育教学而言，每一节体育课堂教学的时间是 45 分钟，有限的高校体育教学时间，想要使教师能够面面俱到地讲授内容，实现精细化教学几乎是不可能的，所以，一部分学生不能与教学节奏同步或者是学生不能对其所学运动技能进行充分掌握。因此，当体育课堂教学结束以后，教师可以将包含有高校体育教学重点的微课视频向学生发放，以便于学生能够在课堂结束以后，对于已经学习的技术动作进行练习，对课堂上所学内容进行复习，切实保证温故知新，提升学生的学习效果。

（五）微课在体育课程分享中的应用

从本质上来讲，分享就是学习。学生喜欢在朋友圈中分享一些好的视频课程，对身边的朋友、同学进行感染，使学生的学习圈子得到扩大。因此，我们应该构建一种倡导分享精神的学习共同体，这样能够保证学习共同体成员间可以互相督促，对有用的体育学习信息进行分享。例如，将微课应用在体育舞蹈教学过程中，在校园内，学生可以对已经学习过的且比较感兴趣的体育舞蹈课进行分享，使越来越多热爱体育舞蹈的学生能够及时地对学习资源进行获取、分享。同时，学生还可以自发组织校园内其他兴趣一致的学生，安排大家一起学习体育舞蹈微课，促进体育舞蹈社团更进一步的发展，通过对社团活动的有效组织，如"快闪"等，使学生课堂学习以外的生活得到丰富。

第五节　高校体育教学中慕课的应用

一、慕课的概念

（一）授课形式

慕课是一种将在世界各地分布的学习者与授课者通过某一个共同的主体或者话题而联系在一起的授课方法。

几乎所有慕课的授课形式都是每周话题研讨的方式，并且只会将一种大体的时间表提供给授课者与学习者，但是一般来讲，慕课课程都不会对学习者有特殊的要求，一般会进行说明的内容比较简单，如阅读建议、每周进行一次的问题研讨等。

（二）主要特点

1. 规模比较大

所谓的规模比较大，指的是网络开放的大规模课程，而不是以个人名义对一两门课程进行发布。我们这里所说的网络开放的大规模，通常是指那些参与者发布出来的课程，这些课程一般会被人们称作大规模的课程或者大型的课程，慕课的典型形式就是这些课程。

2.开放的课程

所谓的开放的课程，一般会对创用（CC）协议严格遵守；可以说，开放的课程，就能够被称为慕课。

3.网络课程

网络课程的显著特征就是没有上课地点的特殊要求。例如，如果你想学习美国大学的一流课程，那么不管你处在什么地方，不需要花费太多的金钱，只要有网络连接与电脑的存在就能够实现。在一篇评论文章中，斯坦福大学校长约翰·L.汉尼希曾表达过这样的观点，即由学界大师进行授课的小班学习课程水平依然很高，但是，经过证实，网络课程也是一种能够获得高效成果的学习方式。相比于大课，结果是一样的。

二、慕课在高校体育教学中的应用

（一）高校体育教学中慕课的应用价值分析

自慕课引入我国以来，已经过了很长的一段时间，对于此种新式的教学方法，许多学校都开始进行尝试，然而，慕课在高校体育教学方面的应用非常少。实际上，慕课的教学方式在高校体育教学方面也是非常适用的。

随着网络的日渐发达，人们每天都会上网，不管是对网页进行浏览，还是刷微博，我们必须承认，网络在现代人们的生活中越来越重要。而对慕课而言，就是要对此种现状进行利用，在开展学习的过程中充分利用网络条件。

除此之外，作为一种学习方式，慕课还具备一定的主动性特征，任何人的监督与强迫都不会对其发生作用，按照自己的个人兴趣爱好，使用者可以选择、学习自己喜欢的运动。同时，慕课所拥有的资源范围是非常广泛的，在高校体育教学开展过程中对慕课进行应用，教师和学生还可以实现对国外高校体育教学资源的分享与使用。

现阶段，学校体育课的开展形式主要是体育教师授课，学生接受学习，即高校体育教学课堂教学中，教师首先进行讲解、示范，之后学生再进行练习。当体育课堂教学结束以后，学生在课后就能够自行复习。在体育微课视频中包含真人操作与讲解，能够帮助学生对白天体育课堂学习的动作进行复习与记忆。尽管高校体育教学时间长达一个半小时，学生拥有足够的时间去学习、练习体育运动技术，但是，他们对每门体育课只能修习一次。由于基本上每个学期所要学习的内容都是相同的，但是学生之间会存在差异，不利于一部分学生深入学习、练习的开展。

在高校体育教学中应用慕课的教学方式，不仅能够保证学生深入学习活动的开展，还有利于学生自己掌握学习进度。同时，由于慕课中存在的学习资源是非常丰富的，有利于学生找到适合自己的运动方式。例如，对一部分学生而言，可能剧烈的运动并不适合他们，所以，他们能够在慕课中寻找比较适合自己的运动，如此一来，不仅能够避免损伤自己的身体，还能够使体育锻炼的目的顺利实现。

实际上，如今许多家长也比较重视学生的体育锻炼问题，为了保证孩子的健康成长，家长总是喜欢带着孩子进行散步、晨练等体育锻炼活动。然而，这些体育活动的效果真的好吗？大多数的时候，人们通常会认为，只要自己去参加体育锻炼了，那么就会有益于自己的健康发展。然而，需要注意的是，如果人们不能应用健康的方式开展体育锻炼的话，那么在浪费了体育锻炼时间的同时，还会在一定程度上造成身体伤害。如果在高校体育教学中应用慕课的方式，那么在体育运动锻炼的过程中，参考标准的动作去完成体育锻炼，在这样的情况下，就像是有一个专业的私人教练陪在自己身边，并对体育锻炼活动进行正确的指导。

（二）慕课应用在高校体育教学中的未来发展

慕课的教学方式来源于国外，在我国的高校中才刚刚起步，而且有一些内容对我国高校而言是不适用的，必须进行一定时间的磨合才能够同我国的教学理念相适应。

基于这样的形式，我国大部分高校应该按照自己学校的特点自行录制慕课视频。同时，在录制慕课视频的时候，可以是多个学校的教师共同参与录制、讨论，然后再对多个优秀的视频进行选择，并且上传到网上，方便学生进行观看、下载、学习。由于不同的教师在讲课的风格与方式上会存在不同，而教师录制的慕课中包含多个教师的教学课程，那么学生就能够对最适合自己的教师进行选择。此外，这样可以避免大课参与人数过多的情况，还能够有效改善学生听课效果不佳的情况。将慕课应用在高校体育教学中，能够使小班教学的目的得以实现。同时，同一学科由多个教师进行录制，能够使比较与竞争更加容易形成，能够帮助教师对自己教学中的缺点进行更加仔细的观察，使高校体育教学质量得到提高。因为慕课在高校体育教学中的应用主要以网上教学为主，所谓的监督制度是不存在的，因此，要求学生的自主学习能力是比较强的。在高校体育教学考核的问题上，计算机考核的方式可以不再使用，体育教师组织学生开展网络学习以后，再安排传统方式的考试即可。只有这样，才能够使学生通过计算作弊的情况得到有效避免。此外，还能够对学生通过慕课进行学习的效果进行检测。需要注意的是，对于慕课教学的认识，教师与学生应该摆正。

第六节　高校体育教学中翻转课堂的应用

一、翻转课堂的概念

（一）含义

所谓翻转课堂，词汇来源是英文词汇"Inverted Classroom"或"Flipped Classroom"，通常是指重新地调整教学课堂内外的时间，从本质上来讲，就是学习的决定权不再属于教师，而是由学生掌握学习的主动权。在翻转课堂教学模式的应用过程中，学生能够在课堂有限的时间内更专注地开展学习活动，对于全球化的挑战、本地化的挑战、现实世界中存在的问题，教师与学生一起研究、解决，使得理解的层次更深入。

在开展课堂教学的过程中，教师不会再耗费大部分的课堂时间去讲授信息，但是在课堂教学结束以后，学生需要自主地完成对这些信息的学习，他们可以利用的方法有听播客、看视频讲座、阅读功能强大的电子书，或者是通过网络同其他同学互相讨论。综上所述，翻转课堂教学模式应用过程中，不管什么时候，学生都能够对自己所需的材料进行查阅。

此外，教师同每一个学生进行交流的时间也增加了。当课堂教学结束以后，学生就能够自主地对学习节奏、学习内容、学习风格与知识呈现的方式进行规划，使学生实现个性化的学习，最终的目的是通过实践活动保证学生学习活动的真实性。

（二）主要特点

在很多年以前，人们就对视频教学的方式进行过研究、探索。最直接的证据是，世界上大部分国家在 20 世纪 50 年代的时候就开展广播电视教育。为什么传统教学模式没有受到当年所做探索的任何影响，而翻转课堂教学模式却被人们广泛关注呢？笔者认为是由于"翻转课堂"所具有的几个明显的特点。对于翻转课堂的特点，笔者进行了如下的分析：

1. 教学视频的短小精悍

不管是亚伦·萨姆斯与乔纳森·伯尔曼的化学学科教学视频，还是萨尔曼·汗的数学辅导视频，其存在一个显著的共同点，即教学视频的短小精悍。即便是较长一点的视频也只有十几分钟的时间，而大部分的视频通常只有几分钟的时长。同时，每一个视频存在的针对性都是比较强的，如果针对某一个特定问题，就会比较方便进行查找；应该尽量在学生注意力比较集中的时间范围内控制视频的长度，同学生的身心发展特征相适应；在网络上发布的视频具有回放功能、暂停功能等，能够自己进行控制，使学生的自主学习能够顺利实现。

2. 教学信息的明确清晰

在萨尔曼·汗的教学视频中存在一个比较明显的特征，即唯一能够在视频中看到的就是他的手，不断地书写一些数学的符号，并且将整个屏幕慢慢地填满，在书写的同时，还有画外音的配合。对此，萨尔曼·汗自己的观点是，在这样的方式中，同我站在讲台上讲课是不一样的，这样的方式就像将我们聚集在同一张桌子前面，一起学习，在一张纸上写下内容使人感觉贴心。这也是同传统的教学录像相比，翻转课堂教学视频的不同之处。如果在视频中出现了教室中的各种摆设物品，或者是教师的头像，那么就非常容易分散学生的注意力，特别是当学生处于自主学习状态的时候。

3.重新建构学习流程

学生的学习过程一般会有两个组成阶段。第一阶段，传递信息。其实现需要教师与学生之间的互动、学生与学生之间的互动。第二阶段，内化吸收。需要学生在课堂教学结束以后自己完成。在学生自己完成的过程中，因为缺少教师的支持与同学的帮助，因此，学生在内化吸收阶段经常会出现挫败感，使他们失去学习的动机与成就感。

翻转课堂教学模式使学生的学习过程得到了重新建构。第一阶段的传递信息，是在课堂教学开始之前由学生完成的，而教师在提供视频的同时，提供在线的辅导；第二阶段的内化吸收，是在课堂教学开展的过程中，由互动实现的，对于学生存在的学习困惑与困难，教师应该提前进行了解，同时在课堂教学开展过程中对学生进行有效的指导，而学生与学生之间的互动交流活动，对于学生内化吸收知识的整个过程，也能够起到一定的促进作用。

4.复习检测的快捷方便

当学生观看完教学视频以后，就会看到视频结尾处出现的几个小问题，通常是四个或五个，能够帮助学生及时检验自己对教学内容的学习情况，并根据自身的学习情况做出合适的判断。如果对于这几个问题，学生的答案不是很理想，那么学生就应该回放一遍教学视频，对于出现问题的原因仔细思考。同时，通过云平台，将学生回答问题的实际情况及时地进行汇总、分析、处理，使教师对学生学习情况的了解更加客观、全面。教学视频的另一个明显优势，就是能够在经过一段时间的学习以后，方便学生对学习到的知识进行复习与巩固。评价技术的不断发展跟进，使得学生学习的相关环节具有足够的实证性资料支撑，这对于教师真正了解学生是非常有帮助的。

二、体育翻转课堂的实施策略

（一）做好在线虚拟教学平台的建设

在线虚拟教学平台搭建的主要目的在于为翻转课堂的实施创造前提和基础，这一平台主要包括教学内容上传模块、师生交流与答疑模块、在线测试与评价模块、学习跟踪与监控模块以及学习总结与成果展示模块等。体育教师通过这一平台，就可以将与高校体育教学相关的微视频、PPT、各种音频等教学材料上传，还可以借助这一平台实现作业发布、在线测验、监控督促、在线交流、在线评价等；学生则可以通过这一平台进行学习材料下载或在线学习，并同体育教师进行及时的交流与沟通。

（二）注重评价机制的创新

翻转课堂教学模式下的高校体育教学评价不能限于传统的纸笔测验，评价内容、评价主体、评价标准和评价方法等都应区别于传统教学；否则，翻转课堂的实施就会流于形式。翻转课堂模式下的高校体育教学评价应该把"以评促学""以评促教"作为评价的主要目的，并将学生的进步程度作为评价的主要指标并注重多元化评价的采用，只有这样，评价才能既有针对性又不失全面性。多元化评价主要表现在评价主体、评价内容、评价方法、评价阶段等方面，紧紧围绕促进学生的学和促进教师的教两方面，最终将提高教学实效作为评价的主旨。

（三）注重提高体育教师的综合素养

无论何种教育教学改革，教师始终是改革成败的核心与关键。作为信息化社会的产物，翻转课堂不仅是一种先进的教学理念，还是一种先进的教学方法，它对体育教师的综合素养提出了较高的要求。体育教师既是在线虚拟教学平台的搭建者、设计者和使用者，又是教学视频等学习资源的开发者和上传者；既是学生学习与实践的组织者、引导者，又是学生学习成果评价的设计者和评价者；既是学生在线学习情况的监控者和督促者，又是教学设计的完善者。

（四）追求体育课堂实效，避免翻转课堂异化

翻转课堂作为一个新生的事物，虽然它顺应了信息化社会的时代背景，但还没有形成公认的科学实施模式。各个学科对翻转课堂的研究成果较为丰富，但各类研究也存在很多的不足。在高校体育教学改革深入发展的特殊阶段，在广大体育教师积极投身于高校体育教学改革的今天，对于翻转课堂教学模式，我们依然应该谨慎地对其缺陷与优势进行审视，尤其要避免偏离翻转课堂的本质而过度追求形式的情况。

三、翻转课堂在高校体育教学中的应用

（一）高校体育教学中实施翻转课堂的价值探析

当前，翻转课堂在我国的兴起已经成为不争的事实，翻转课堂的价值已引起理论层面的重视。为了更好地应用和推广翻转课堂，现对其在高校体育教学中的核心价值予以探讨。

1. 翻转课堂使高校体育教学与信息技术的有机结合得到实现

在信息化社会的今天，学生的生活方式和学习方式发生了深刻的变化，借助手机、电脑等信息化平台进行学习和交流已经成为日常习惯，为适应学生在行为和习惯上的变化，教学信息化在所难免。

翻转课堂作为信息化社会的产物，它使教学与信息技术之间有机结合，高度迎合了学生的日常习惯，改变了传统课堂呆板的模式和形象，使学生的学习变得更加自然和有趣。体育教师通过上传视频、三维动画、PPT 等丰富而直观的教学材料，设置系统有序的学习导航，加上教师对学生客观而有趣的在线评价和在线交流，一个有益于学生身心发展的教学环境被创建出来。这不仅有效增进了师生之间的情感，更提高了学生的学习情趣和自主性，也为体育教师有效组织课中的教学活动奠定了

基础，这对提高高校体育教学的实效性是非常有利的。

2. 翻转课堂有助于实现高校体育教学的精讲多练

学生课中学习和练习的时间总量是一定的，新知识、新技能的学习耗时过多，学生从事体育练习的时间势必减少，体育课的健身性以及学生对知识、技能的掌握和内化就会大打折扣，因此，精讲多练符合体育课堂教学的要求。在翻转课堂模式下，课前，学生通过观看教学视频，对高校体育教学内容有了初步的认知，对体育学习中的难点深有感受，在遇到无法解决的问题时，学生通过在线交流平台及时反映给体育教师，这样教师就会对学生的课前学习情况有所把握；课中，体育教师依据学生所反映的问题进行针对性极强的讲解或个别指导，不需要每个问题都进行讲解，这样就省去了很多讲解的时间，学生在课中进行体育实践的时间就被延长，精讲多练的目的自然达到。

3. 翻转课堂使高校体育教学要素的优化组合得到实现

从高校体育教学要素的层面上来讲，翻转课堂同传统的高校体育教学模式之间存在的区别并不是很明显。对翻转课堂而言，它主要是利用科学合理地重构高校体育教学要素来使高校体育教学的效能实现增值。我们之所以将翻转课堂判定为一种革命性的高校体育教学方式创新，主要是由于此种教学模式在对高校体育教学要素的各种功能进行准确定位的情况下，体育教师与学生的主体性地位得到了转换，使体育课程的资源得到拓展，促进了高校体育教学目的、高校体育教学方法手段与反馈机制的合理调整，对学生体育学习的良好环境进行创设，进而从质的层面改变高校体育教学的形态与结果。同时，需要注意的是，翻转课堂在组合高校体育教学要素的问题上并不是固定不变的，而是动态的；不是呆板的，而是灵活的。在高校体育教学实践活动中，按照实际需要，体育教师对于各教学要素间的组合关系可以随时进行调整，以保证高校体育教学目的的实现。只有充分认识到这一点，才能够保证我们将翻转课堂作为固定范式来看待，进而使高校体育教学中应用翻转课堂教学方法流于形式的情况得到避免。

4. 翻转课堂能够促进高校体育教学中素质教育的实施

素质教育的主要目的是对受教育者的综合素质进行全面提高，值得注意的是，综合素质的提升离不开人的全面发展；同时，对于学生个性的培养，我们也不能忽略。个性的完善，不仅是素质教育开展的价值理念，还是素质教育的目标理念，培养个性、促进人的全面发展是素质教育的真谛。

在翻转课堂教学模式应用的过程中，学生的学习目标是统一的；同时，按照学生的具体实际，体育教师可以对学生的个体目标进行制定。通过在线观看高校体育教学视频，可以保证学生实现自主学习，按照学生的学习能力来确定高校体育教学视频的观看次数，而按照学生的学习基础由学生自主选择观看的内容；从反馈问题的层面上来讲，通过在线交流平台，学生能够将学习中的问题随时向教师反映，同时获得教师的及时教导；从学习评价的层面上来讲，体育教师对于学生进行评价的根据是学生的进步程度，同时将小组评价和个人评价融入最终评价结果之中，这种评价模式有助于让学生明确在学习过程中的优点和不足，并时刻感受到自己在不断提高。可见，翻转课堂这种个性化的教学模式对于学生端正学习态度、激发学习兴趣、提高沟通能力、培养正确的价值观，以及促进学生的全面发展都是有益的。

（二）将翻转课堂教学方法引入高校体育教学的全新体育教学模式

我们常说的高校体育教学模式主要是指在一定高校体育教学理念、高校体育教学思想与高校体育教学理论指导下建立的各种各样的高校体育教学活动的基本框架或者基本结构。一般来讲，高校体育教学模式包含了多种要素，如高校体育教学理论依据、高校体育教学原则、高校体育教学程序与学习程序、教学资源与实现条件，以及高校体育教学效果评价，等等。将翻转课堂教学方法引入高校体育教学的全新体育教学模式具体包含以下几方面的内容。

1.高校体育教学的理论依据

高校体育教学中应用翻转课堂教学模式的主要思想基础是"先学后教"思想，对于高校体育教学活动中学生的教学参与与学生的主体性进行强调。从高校体育教学的特征与行为心理学原理出发，特别是对斯金纳操作性条件反射的训练心理学进行考虑，对高校体育教学的程序进行确定，具体是：利用视频学习—对于练习吸收理解—再通过视频回顾—互动反馈—强化实践—学习、掌握，并且在这样循环、反复的高校体育教学过程中，对行为目标进行有效塑造；同时，按照学习的过程与教学的实际效果，学习主体对体育"教"与"学"的活动过程进行不断的完善与创新，促进高校体育教学目标与学习目标的实现。

2.高校体育教学的目标与原则

高校体育教学目标主要是对中小学阶段的体育教学目标进行巩固与提高，即体育锻炼的思想、体育能力与体育习惯，对于学生科学、积极、主动参与体育锻炼的行为进行引导与教育，对于现代体育科学中的基础知识、基本技术和技能、方法进行扎根；使学生体育锻炼的参与意识得到强化，使其体育文化素养得到提高。

为了保证高校体育教学目标的顺利实现，对将翻转课堂教学方法引入高校体育教学的全新高校体育教学模式而言，教学原则是体育教师应该遵照学生的认知水平与心理发展特征，加工整理高校体育教学内容，使高校体育教学设计、制作通俗易懂，并且紧密地联系自身已经掌握的认知结构；同时，对于优质、适宜的高校体育教学视频进行选择；创建一个宽松、民主的、轻松的交互式学习社区或网络教学平台，及时地掌握学习反馈信息，并能够有效地发现问题、解决问题；在对总体学习情况进行把握的条件下，对个体学习发展的过程给予重视，将高校体育教学过程中与学习过程学生的主体性作用充分发挥出来，尽可能地使学生自己发展，对存在的问题自己进行分析与解决，同时对自我认识、能力与技能进行深化、拓展。

3.高校体育教学程序与学习程序

将翻转课堂教学方法引入高校体育教学的全新体育教学模式，其主要基础是优质的交互学习社区与视频资源，因此，可以对高校体育教学程序与学习程序进行如下的设计：对于高校体育教学内容进行预习—对于高校体育教学视频有针对性地进行观看，再进行示范、讲解—使学生学习动机得到激发，及时发现学习过程中的问题—在课堂教学中由教师对新课进行讲授，对于学生的疑惑进行解答，并进行示范—学生自主进行练习与实践，对体育学习效果进行巩固—反馈体育学习效果，由教师、学生进行评价—通过资源拓展完善知识和技能结构的扩展，以及反复练习实践，对理解与训练效果进行加强。

4.高校体育教学的实现条件和教学资源

近年来，慕课教学平台的快速发展与互联网的广泛普及创造了良好的条件，以便于翻转课堂高校体育教学模式的实施。对现代高校体育教学来讲，我国的高校体育教学相关视频与学习资料逐年增多，所以，我国的体育教师应该从体育课程与教学内容出发，自行制作与设计高校体育教学资源。高校体育教学内容主要有理论教学内容与动作讲解、演示的视频，保证体育练习活动的可理解性与课余训练活动的实践性，既要有动作示范的要领分析，又要有训练实践的摄像记录视频，还要有拓展性的教学资源和学习资源，以及专题性的研讨问题等。不仅如此，体育教师在组织学生观看教学视频、开展练习活动和训练活动的同时，要保证在交互社区对学生的疑惑及时地进行解答、讨论与指导。

5.高校体育教学效果与评价

将翻转课堂教学方法引入高校体育教学的全新高校体育教学模式，能够使学生体育学习的兴趣得到激发，使学生自主发现、学习、探索、分析、解决问题的综合能力得到培养，促进学生技术和技能的提升，同时能够有效促进学生自主学习能力、社会发展适应能力、合作能力的发展与培养。体育教师应该通过交流与活动对学生的学习情况与进度实时地进行了解，还要对反馈信息及时掌握，同时再从所获的情况出发，适当地进行引导，对于学生的学习积极性进行鼓励并充分调动，在高校体育教学与讲解活动开展的过程中，针对不同的学生因材施教。将翻转课堂应用在高校体育教学中的相关活动适宜于小班教学，所以，在大班教学中一般很难实施。而对于学生的评价，需要注意的是，它同其他文化课程是不同的，在对其学习好坏进行衡量的时候，不能单纯地将考试成绩作为标准。在高校体育教学中，应该始终坚持"健康第一"的指导思想，还要在体育考试的各个环节中渗透"健康"的标准，对于标准化的项目应该适当地减少技能考试；同时，要有效改进高校体育教学的评价标准，尽可能地避免学生由于害怕考试而出现的体育厌学心理与逆反心理。对于学生应该积极地引导，使他们加强对高校体育教学的相关认识，使学生养成良好的体育锻炼习惯，并且要积极构建同高校体育教学目标相适应的人性化测试方法。

第三章 高校体育教学过程与评价

第一节 高校体育教学过程的优化发展

一、体育教学过程的概念

体育教学过程是为实现体育教学目标而计划、实施的使学生掌握体育知识和运动技能并接受各种体育道德和行为教育的教学程序。这个程序具有学段、学年、学期、单元和课时等不同的时间概念。

二、体育教学过程的性质

（一）高校体育教学过程是学生对运动技能进行掌握的过程

从本质上来讲，体育课程教学就是在身体练习不断反复开展的过程中，使学生能够对运动技能进行掌握；同时，在对运动技能掌握的前提下再接受其他方面的养成教育。同其他课程不同，其他学科的教学过程实际上就是使学生对概念进行识记，并且对推理、判断等思维方式进行应用，对科学知识进行掌握，同时使学生的智力得到发展。因此，我们可以将高校体育教学过程理解为学生对运动技能进行掌握的过程。

（二）高校体育教学过程是使学生运动素养提高的过程

对运动技能进行掌握的前提就是，使运动素质得到提高，同时要使大肌肉群的运动素质得到有效提高，运动技能与运动素质提升之间存在的关系是相互促进的。

所以，高校体育教学过程可以理解为使学生的运动素质得到不断提高，使学生的体能得到增强的一个过程。在高校体育教学活动开展的过程中，在重视学生掌握运动技能的同时，应该对学生运动素质的提升给予一定关注，并且，在对高校体育教学进行设计，对高校体育教学进度进行安排，对高校体育教学内容进行选编的过程中，将运动技能与运动素质的提高紧密地联系在一起，保证二者的协调发展。

（三）高校体育教学过程是知识学习、运动认知形成的过程

体育学科作为一门综合性课程，包含了自然学科与人文学科。在高校体育教学活动开展的过程中，不仅强调学生对运动技能的掌握，还会组织、安排学生对其他知识进行学习，获得一定的运动认知。在某些时候，这也是运动技能掌握与运动素质提高的重要前提条件。所以，高校体育教学过程也是对体育知识与运动认知进行掌握的一个过程。

体育是涉及人文学科和自然学科的一门综合性课程，在以掌握运动技能为主的高校体育教学过程中，学生也会涉及许多知识的学习和运动认知的获得，有时，这也是掌握运动技能和提高运动素质的基础。因此，高校体育教学过程必然是一个掌握体育知识和运动认知的过程。

（四）高校体育教学过程是集体学习与集体思考的过程

高校体育的教学形式主要以"集体学习"和"小集体学习"为主，之所以这样，原因在于绝大部分的体育运动项目的完成都是通过集体形式或者小集体形式，所以，也应该在集体性学习与集体性思考的过程中完成体育技能的学习。此外，现阶段的高校体育教学目标也更加倾向于学生的集体学习，旨在使集体教育的潜在作用得到充分的发挥。同时，在高校体育教学中，集体性学习与集体性思考能够使教师与学生之间、学生与学生之间的沟通和互动得到加强；同时，能够促进学生社会适应能力与社会交往能力的提升，所以，对于高校体育教学过程，也可以认定为是开展学生集体学习与集体思考的一个过程。

（五）高校体育教学过程是对运动乐趣进行体验的过程

从生理学的角度上来讲，学生的体育学习是一个充满汗、累和苦的过程，也是对运动固有乐趣从身体方面与心理方面进行体验的一个过程。这种乐趣体现了体育运动的生命力，同时是高校体育教学的重要内容与目标，还是对学生体育参与意识进行培养的重要手段与途径，是终身体育运动开展的前提条件，所以，对于高校体育教学过程，我们可以理解为是学生对运动乐趣进行体验的一个过程。

三、体育教学过程存在的主要矛盾

在体育教学过程中，主要矛盾有三对，分别是：（1）体育教师的教同学生的学之间的矛盾；（2）体育教师同教材之间的矛盾；（3）学生同教材之间的矛盾。在这三对矛盾中，比较显著的就是体育教师的教同学生的学之间的矛盾。

在高校体育教学过程中，体育教师与学生是两个重要的主体性因素，因而导致体育教师的教与学生的学之间双边互动的矛盾关系得以构成，并且在高校体育教学过程中，这一矛盾是始终存在的；同时，这一矛盾还能够对其他矛盾的存在与发展起到一定的支配作用，从而作为原动力，促进高校体育教学过程的发展。

四、体育教学过程的功能

高校体育教学过程从根本上讲，就是认识与实践之间统一、协调发展的一种活动过程，这一过程的最终目标在于使学生的全面发展得到促进。换句话来讲，高校体育教学过程的主要功能在于使学生身心诸方面的和谐发展得到促进。对于高校体育教学过程的功能进行全面的认识与开发，能够使高校体育教学成为有效途径，以促进高校体育教学目标的更好实现。高校体育教学过程的功能主要会在以下几方面的内容中表现出来。

（一）体育教学过程的教育功能

在体育教学开展的过程中，不仅能够增长学生的知识，使其能力得到全面发展，还能够熏陶、改变学生的思想情感、道德品质与精神面貌。在体育教学中，教师应该将教书与育人自觉地统一起来，充分发挥体育教学过程的教育功能，促进学生思想品质与道德素养的发展。

（二）体育教学过程的知识传递功能

体育教师通过体育教学过程的开展，能够将科学文化知识与基本技能技巧系统地向学生传递。体育教学过程实际上就是对学生有目的、有组织、有计划地进行培养的过程，因此，体育教学过程的知识传递功能能够高质量、高效率地发挥。

（三）体育教学过程的智能培养功能

在知识传授与技能形成的统一发展过程中，智能培养得以实现，上述三个因素之间的关系是非常紧密的，是相互促进、相互依存的统一体。首先，智力活动的主要内容就是知识；其次，对知识进行学习与应用的活动，本身就能够实现智力的锻炼与能力的培养；最后，形成技能可以使智力活动过程得到大大的简化，使智力活动水平的提高更迅速、更经济、更有效。

（四）体育教学过程的审美功能

作为教学艺术与教学手段，"美"的因素始终存在于体育教学过程中，并且在体育教学活动的各方面都存在。在"美"的多样形式下，使学生对"教"所要传递的各种教育信息顺利吸收；同时，获得教学美的体验与享受，使紧张学习导致的疲劳得到消除，促进一定审美趣味、审美观念与审美能力的形成。

（五）体育教学过程的发展个性功能

发展个性的主要内容是对知识进行传授，对智能进行培养，促进技能的形成，在原有生理条件与经验背景的基础上，每一个学生都有可能形成独有的知识、智能结构与技能，同时能够对自己新的知识体系进行构建，从而为个性发展创造良好的条件。

然而，需要注意的是，体育教学过程的功能还受到其他几方面的影响，即身体素质的健全，态度、情感、动机、意志、品德、思想、价值体系等方面的培养。对于上述能够对学生个性发展起决定作用的这几方面，体育教学过程能够发挥积极的影响作用。

五、与体育教学过程有关的概念

本节内容主要是对体育教学过程的基本概念进行分析，但是本书的许多章节也都与体育教学过程存在着十分密切的联系，只是从不同角度出发对体育教学过程的内容进行阐述。例如，体育教学模式、体育教学设计、体育教学原则、体育课堂教学活动等都是从不同的角度来描述体育教学的整个过程，并且对相关规律进行揭示。所以，表述、分析体育教学过程是体育教学论的重要内容，本节只是对其进行简单的探讨。

为了便于大家更全面和综合地理解体育教学过程，在此就体育教学过程与体育教学原则、体育教学模式、体育教学设计、体育教学计划及体育课堂教学等概念的关系进行简要分析。

（一）体育教学过程与体育教学原则

体育教学过程和体育教学原则之间的关系是非常密切的，但体育教学过程与体育教学原则又是不同的概念范畴。它们之间的联系主要体现在：

（1）体育教学原则是体育教学过程实施的基本要求。

（2）体育教学原则是体育教学过程优化的基本内容。

（3）体育教学原则在体育教学过程的各个层次中始终存在。

但是，体育教学过程与体育教学原则之间也是存在一定区别的，在区分过程中需要注意以下问题：

（1）体育教学过程是时间和流程的范畴，体育教学原则是要求的范畴。

（2）体育教学过程可以分阶段、有重点，体育教学原则是贯穿始终的。

（3）体育教学过程与内容关系密切，体育教学原则与方法关系密切。

（二）体育教学过程与体育教学模式

体育教学模式实际上就是单元和课时结构，是本着某种体育教学指导思想设计的教学过程类型，体育教学过程与体育教学模式是"抽象"和"具体"的关系。因此可以说，那些具体、有特色、长短不一的体育教学过程设计以及其中的方法体系就是体育教学模式。

（三）体育教学过程与体育教学设计

从本质上来讲，体育教学设计就是体育教师构想与安排体育教学的过程。对体育教学的任何一个过程而言，都有某一种体育教学设计存在其中，而体育教学设计是包含在体育教学过程中的工作。但是我们也不能认为有了一个体育教学过程就有了本书所说的体育教学设计，因为本书所讲的体育教学设计是"教师经过精心设计的为实现体育教学过程最优化的工作"。

（四）体育教学过程与体育教学计划

所谓的体育教学计划，主要是指体育教学过程的设计方案，我们对它的理解，通常是存在于纸上的体育教学过程。对体育教学过程与体育教学计划而言，二者是一一对应的关系。例如，如果有学期体育教学过程，那么就会存在学期体育教学计划；如果有单元体育教学过程，那么就会存在单元体育教学计划；如果有学时体育教学过程，那么就会存在学时体育教学计划；等等。

（五）体育教学过程与体育课堂教学

体育课堂教学是教学的场景，通常指一个课时的体育教学，也是作为时间基本单位的体育教学过程。而体育课堂教学的各项因素同体育教学过程之间都存在十分紧密的联系，都是体育教学过程的主要构成因素，同时是对体育教学过程进行观察的最佳视角。一般来讲，体育教学论是为了让大家更清晰地理解体育教学过程，也是为了各个章节的平衡才予以分别论述的。

六、体育教学过程的动态与静态分析

（一）体育教学过程的动态分析

从体育教学的层次可以看出，里面的主要结构处于相对的稳定状态，然而，在对具体的过程与阶段进行安排与应用的时候，应该从不同的教材内容、教学目标、环境条件与学生特点等方面进行考虑，保证体育教学过程与体育教学阶段安排与应用的灵活性。

（二）体育教学过程的静态分析

1. 体育教学系统的构成要素

在对体育教学系统进行分析的过程中，可以运用整体性观点。首先，将体育教学作为一个完整的系统进行考虑，而整个体育教学系统主要是由很多相互联系的部分或要素所构成的。

2. 现代体育教学过程的本质

（1）体育教学是交往的一种特殊形式

在对人的本质进行分析的过程中，马克思提出了这样的观点，即从现实性的角度上看，人属于一切社会关系的总和。由此可以得知，通过社会这个媒介，人的本质才能够得到展现，而只有交往的存在，才能够在一定程度上促进社会的运行与发展。

从本质上来讲，体育教学过程就是一个教师和学生之间相互作用的过程，一旦这样相互作用的关系不存在，那么也就不存在体育教学活动。换句话说，体育教师与学生之间有一种特殊的社会关系存在，因此，他们间的相互交往也是一种特殊的形式。

体育教学的特殊性主要在以下几方面表现出来，即①它的交往目的比较独特；②它的交往内容比较特殊；③它的交往主体比较特殊；④它的交往方式比较独特。

（2）师生间的主客体关系由对话构成

体育教学属于一种特殊的师生交往过程，主要表现形式是对话，而双方之间的对话使教师与学生之间的特殊关系得以构成。在存在的特殊关系中，教师与学生都将对方看作教学目的达成、教学目标实现的合作者，而不是一个对象。通过对话的形式，人与人之间的相互交往、沟通更加和谐，如此一来，教师与学生之间的关系也就发生了改变。在基础教育课程改革与体育新课程改革中，对于教师与学生间关系的变化趋势已经进行了明确。

3.体育教学过程的规律

所谓体育教学过程的规律，主要指的是在体育教学过程中或者是现象之间会有本质、必然的联系存在，而这种联系能够将体育教学发展的特点体现出来。由于体育教学过程中存在许多的构成要素，并且这些要素之间还存在特别复杂、广泛的联系，所以，体育教学规律不是单一的，这一点也是同其他现象所具有的规律相比的不同之处；体育教学规律也不会像其他规律一样，直接地展现出重复有效性；生物学刺激具有十分明显的反应规律，而体育教学是同人的身心发展相适应的。对于体育教学存在的特殊规律，笔者进行了如下分析。

（1）动作技能形成的规律

体育教学的最终目的是使学生对一定的运动技能进行学习并掌握。而事实上，掌握运动技能的过程并不是单纯地从不会到会、从不熟练到熟练的发展过程。动作技能的形成会经过三个阶段，即对动作粗略掌握阶段、对动作改进与提高阶段、巩固与熟练运用动作阶段。

（2）动作技能迁移规律

从学习理论的角度上来讲，迁移是指一种学习情境对另外一种学习情境产生的影响。而我们这里所说的动作技能的迁移，就是指已经形成的动作技能对所学习的新动作技能存在的影响。如果存在的影响是积极的，那么我们会把这种具有促进作用的迁移称作正迁移；如果存在的影响是消极的，那么我们就会把这种带有负能量的迁移称作负迁移。

在体育教学开展的过程中，迁移的现象是普遍存在的；同时，迁移规律对于体育教学过程还存在一定的影响，尤其对于动作技能形成的影响更加明显。如果没有通过迁移，就不能够使已经形成的动作得到进一步的熟练、检验与充实。迁移的重要基础是已经拥有的知识技能，作为重要的环节，从掌握知识与技能向形成技能过渡，因此，为了迁移而开展教学的思想被人提出。

（3）人体机能适应规律

在体育教学开展的过程中，对于身体活动与反复练习，学生积极地参与，长此以往，由于体能的消耗导致身体疲劳与身体技能水平下降的情况就会出现。然而，事实上，疲劳的过程也是使恢复得到刺激的过程，能够促进能量储备的加强，使机体的适应能力得到提高。

因此，在体育教学开展的过程中，学生对于负荷的刺激要进行一定的承担，使新陈代谢与机体能力提高的过程得到促进。在开展体育教学的时候，为了使学生的机体能力得到提高，使健康得到增进，最应该做的就是对负荷和休息合理地进行安排。由于运动负荷的大小与人体新陈代谢能力的不同，超量恢复也会出现一定的改变，在一定的范围内，如果肌肉存在较大的肌肉活动量，那么就会存在激烈的消耗过程，进而就会出现更加明显的超量恢复，而一旦产生了机体适应性的变化，那么学生的体质也会有所改善。

①工作阶段

在这一阶段，学生对一定的运动负荷进行承担，即身体练习的强度与量，对机体的潜在能力进行动员，加强身体内部的异化作用，将会消耗掉能量储备。

②相对恢复阶段

在这一阶段，经过了休息与调整以后，身体的各项机能指标向工作之前的水平恢复。

③超量恢复阶段

在这一阶段，通过能量的补偿与合理的休息，物质储备与能量储备远远多于原本拥有的水平。

④复原阶段

如果经历的间歇时间较长的话，那么超量恢复阶段的效果就会失去，导致机体的工作能力慢慢降到原本水平。

（三）高校体育教学过程优化分析

综上所述，体育教学过程中会同许多的要素相联系，对此笔者对体育教学过程包含三个要素的观念表示赞同，因而，在对体育教学过程的优化问题进行分析的过程中，本书主要通过对教师、学生、教材（教学内容）等几方面的分析来进行探讨。

1. 优化体育教师

使体育教师的主体能动性得到充分发挥，也就是在整个体育教学活动开展的过程中，使体育教师的主导作用得到有效的发挥。在体育教学中，体育教师是教学的主体，发挥着主导作用。通过对体育教学过程展开动态分析可知，教师的主导作用主要会在三个阶段体现出来，具体如下。

（1）体育教学的准备阶段

在体育教学的准备阶段，体育教学方案得以形成，是指按照体育教学的理论与实际条件安排、规划、确定体育教学过程、体育教学目标与体育教学评价等。对体育教学方案进行优化设计，能够保证体育教学整个过程的优化。

（2）体育教学的实施阶段

体育教学的实施阶段事实上就是对体育教学进行管理、组织、实施的阶段，同时是体育教学目标与体育教学方案具体执行与实现的过程。体育教学的实施阶段是体育教学过程的重要组成部分之一，在这一阶段中，体育教师承担着很多方面的任务。例如，使学生的学习动机得到调动，学生的学习过程得到指导与组织，等等。这一阶段也是对体育教学过程进行优化的重要阶段。

（3）体育教学的反思阶段

体育教学的反思阶段，主要是指评价与反馈体育教学效果的过程，在这一过程中，需要对体育教学效果进行检查与评估，同时，这一阶段也是体育教学过程的最后一个步骤。体育教学评价的开展，能够使体育教学活动是否达到体育教学预期目标的问题从实际效果上得到解答；同时能够将基本的反馈信息提供给下一个体育教学过程。对体育教学效果进行科学、合理的评价，不仅是体育教师的主要责任，还是优化体育教学活动的客观要求。

2. 优化学生

在我国的基础教育改革中，以学生为主体的全新教育理念被提出。在体育教学活动开展的过程中，学生是主体，具体来讲，学生自身的主体性能够得到发挥；同时，其主体性就是整个主体结构的表现功能。所以，在体育教学开展的过程中，学生的主观能动性应该得到发挥，对体育教学内容的选择进行参与，使体育锻炼与学习的动机、兴趣与愿望得到体现，通过体育练习活动的开展，使学生的运动能力、运动经验与运动技能储备等得到发展。在体育教学实践活动开展的过程中，只有学生的主动性、创造性与独立性得到全面的发展，才能够保证学生对体育知识、体育技能有所掌握，使其自身的能力得到发展，促进合理的主体结构的形成。

3. 优化体育教学内容

在优化体育教材，即体育教学内容的时候，需要对以下几方面的要求给予重视。

（1）保证全面性的体育教学内容

体育教学的主要目标是使学生的全面发展得到培养，为其将来接受更高层次的教育打下良好的基础。所以，应该将体育锻炼方法、体育科学知识与体育价值观念等多方面的内容紧密地联系在一起，只有保证体育教学内容的全面性，才能够为日后学生的全面发展创造有利条件。

（2）保证基础性的体育教学内容

体育教学的内容会表现出基础性，使学生的正常生长发育得到促进，保证学生身体素质与运动能力的全面发展，保证学生获得扎实的体育知识与体育技能，促进良好体育锻炼习惯的养成，创造终身体育运动的重要条件。

（3）保证活动性的体育教学内容

体育教学内容是学生开展学习活动的主要材料，通过主体活动的完成，使学生掌握了体育教学内容。体育教学内容的设计应该保证能够促进学生主体活动的开展，使学生的体育学习兴趣得到培养，也就是说体育教学内容应该是整体性的规划，主要从学生的思维、观察、体验、练习、互动与探索等方面出发。

4. 体育教学过程的控制、管理与评价

体育教学过程的控制、管理与评价，应该从体育教学目标与体育教学效率等指标出发，并且保证控制、管理的过程中做到有组织、有目的、有计划地开展，同时要对体育教学速度、体育教学时间、体育教学速度等因素进行综合考虑，争取在体育教学开展的过程中，做到在较低消耗的情况下取得理想的体育教学效果。

总而言之，在对体育教学过程进行优化的过程中，应该同教师教学活动的科学组织与学生学习活动的有效开展紧密联系在一起，对于体育教师的教与学生的学的双边活动进行科学的组织；同时，对于体育教学的规律、体育教学方法、体育教学模式、体育教学的内部条件与外部实际条件要全面地进行考虑，从既定目标出发，使体育教学过程的有效作用得到发挥，促进最佳体育教学效果的实现。

第二节　体育教学评价的改革创新

所谓体育教学评价，主要是指在体育课程中一般性教学评价的具体应用，同时是体育课程教学的重要环节。要卓有成效地开展体育课程教学工作，真正实现提高学生综合素质的目标，就必须在实际教学中贯彻新的教学理念，利用新的教学方式和丰富的、与实际社会生活相配套的体育课程内容来进行教学，而所有这些都需要有与之相对应的教学评价来配合。因此，只有对当代体育课程的教学评价有较深入的了解，树立全新的教学评价观，充分发挥其在体育课程教学中的导向作用，才能更好地促进新课程改革背景下体育课程的教学工作。本节就体育教学评价的概念、特点、原则、功能进行了论述，同时对新课程改革背景下体育教学评价及评价的新方法做了简要的介绍，使教师在教学中能够熟练地运用更多的评价方法，有效地对教学进行评价。

一、体育教学评价概述

（一）教育评价

评价是客体对主体需要被客体满足程度的一种判断，属于价值活动。通过评价，使学生不断地学习、进步、成功，对自我充分认识，使能力的全面发展得到促进；

根据反馈的信息，教师可以进行适当的调整，并且使自身的教学能力得到提高，根据学生情况进行教学管理方式的改善。

评价所涉及的范围很广泛，主要是指在教学目标和标准的基础上对学生和教师进行具体调查，评价优缺点并进行改进。我们可以粗略地将教育评价分为学生评价、教师评价、教学评价、课程评价、学校与教育机构评价、教育政策与教育项目评价等。

（二）体育教学评价的概念

所谓的体育教学评价，主要是指从体育教学目标与体育教学的原则出发，判断、评估体育教学的过程，以及所取得的成果。从体育教学评价的概念中可以得知，它主要将三个基本的含义包含其中。

1.体育教学评价的开展需要从体育教学目标与体育教学的原则出发

体育教学目标作为一种评判依据，可以测试体育教学预先设定的成果是否已经实现，预期的任务是否已经完成；而体育教学的原则作为一种评判依据，可以测试体育教学开展的合理性，及其是否能够满足体育教学的基本要求。需要注意的是，上述的两个评价依据，在具备一定规范性与客观性的同时，还具备教育评价的信度与效度。

2."体育'教'与'学'的过程和结果"是体育教学评价的对象

体育教学评价主要将体育教学过程中的受教育者——学生的学作为重点对象，主要包含了对学生学历水平与品德行为的评价；此外，体育教学评价也会评价教师的教学，主要包含对教师教学水平与师德行为的评价。

3."价值判断与量评工作"是体育教学评价的内容

"价值判断"属于质性的评价，一般是指对体育教学方向的正确与否与体育教学方法是否得当进行评价；"量评工作"属于量性的评价，一般是指对可以量化的学习效果进行评价，如身体素质的增长、掌握技能的数量等。

（三）体育教学评价的结构与评价内容

1.体育教学评价基本构成的四个要素

对体育教学评价而言，其结构的基本要素是"为什么评""谁来评""评什么""怎么评"四个基本问题。

2. 体育教学评价的结构与内容

依据"评价什么"与"谁来评价"的主要因素作为横轴与纵轴对一个象限进行制作，就能够得到体育教学评价的结构与内容图。

体育教学评价的组成主要包含四个大类，如果再细致划分的话，就是八个小类。如果也将如家长对学生评价的这种非主要性评价算在其中的话，就应该存在九种类别的体育教学评价，同体育教学课程评价之间存在非常密切的关系。

（1）对于体育学习过程教师做出的评价

在体育教学评价过程中，比较传统的评价方式就是体育教师对学习过程做出的评价。在此种评价方式中，经验丰富的教师是主体，而体育教学过程与参与其中的学生就是评价的主要对象，之所以将他们作为评价的对象，主要是因为他们能够将体育教学效果反映出来。所以，此种评价方式一直以来都被人们关注。此外，教师对于体育学习过程做出的评价又存在两种不同形式，即在体育学习过程中，教师对学生进行的激励评价；当体育学习过程结束以后，作为学习结果，体育教师评定学生的体育成绩。

（2）对于体育学习过程学生做出的评价

在新的教育理念与新的《体育与健康课程标准》中都对一种评价方式给予了重视，并积极倡导，那就是对体育学习过程学生做出的评价，此种评价方式主要包含体育教学过程的评价与体育教学效果的评价。评价形式主要有两种，即学生与学生之间的互相评价和学生的自我评价。并且，这两种评价方式对于学生形成民主素养是有一定帮助的；同时，能够在评价实践中，使学生对自身民主权利的正确行使和对事物进行观察、对问题进行分析的能力得到不断培养与提高。然而，在应用此种评价方式的时候，应该考虑学生的年龄阶段问题，年龄较小的学生不能够应用此种评价方式。另外，我们在对学生的评价给予强调与重视的同时，要注意不能对学生的评价完全依赖。

（3）对于体育教学过程学生做出的评价

现代教育理念中比较重视与强调的评价方式就是对体育教学过程学生做出的评

价，此种评价也包含了两方面的内容，即体育教学过程的评价与体育教学效果的评价。同时，还存在两种类别的评价形式，不仅有体育学习过程中学生对教学的随时反馈，还有学生参与的相关评教活动，前面的评价活动是非正式的，而后面的评价活动是比较正式的。

（4）对于教学过程教师做出的评价

对于教学过程教师做出的评价，其目的是使体育教学质量不断得到提高，一般也包含两种评价形式，一是对于自身教学情况教师做出的自我评价，二是教师与教师之间的互相评教活动，二者之间均存在正式的形式与非正式的形式。从人员角度来讲，有个人的、体育组内的、校内督导的与校际评价形式；从时间角度来讲，有平时的评价与集中性的评价等形式。

（5）其他评价

我们这里所说的其他评价，主要指的是对于体育教学，非教师与学生做出的评价。例如，对于学生体育学习家长做出的评价、对于体育教学家长教师联合会（国外的 PTA）做出的评价等。但是，此种评价方式只能起到一定的参考性与辅助性作用，这主要是因为此种评价形式的主体并不是体育专业人员，并且没有在体育教学过程中参与。

（四）体育教学评价的功能

1. 导向功能

由于不同的评价标准会得出不同的评价结果，因此评价标准像一根"指挥棒"一样起着导向作用。评价之后的反馈指明了体育教学决策与改进的方向，如果做法获得肯定，那么在体育教学过程中将会对其进行强化；如果做法被否定，那么就需要对其进行纠正与改变。

2. 诊断功能

通过体育教学评价，体育教师对于体育教学的质量可以进行科学、客观的鉴定，了解体育教学的成效和问题。体育教学评价就像是体格检查，能够科学、严谨地诊断出体育教学的现状。全面性的体育教学评价，能够对于学生实现体育教学目标的程度进行评估，同时能够帮助教师对学生学习困难的症结所在进行诊断，并且对学生学习进步的提高做出一定协助。

3. 调控功能

体育教学评价的最终结果是将反馈信息提供给体育教师与学生，使他们能够及时地了解教与学的情况，为体育教学活动内容与形式的调整提供依据。根据体育教学评价的最终结果，教师可以对体育教学计划进行修订，对体育教学方法进行改进；而学生可以对学习策略进行调整，对体育教学方式进行改变。体育教学评价对于体育教学过程向反馈与调节随时可以进行的可控系统的转变得到促进，使体育教学活动同预期目标越来越接近。

4. 激励功能

在体育教学的整个过程中，体育教学评价发挥的是监督与控制的作用，是一种对体育教师与学生的强化与促进。通过体育教学评价，能够将体育教师的教学效果与学生的学习成绩反映出来，激励体育教师的工作热情与学生的学习动机。如果体育教学评价是科学的、合理的，那么不但能够使体育教师与学生获得心理满足与精神鼓舞，而且能够使体育教师朝着更高目标努力的积极性得到激发；即便是较低的评价也能发人深思，使体育教师与学生的奋进情绪得到激发，使推动作用与促进作用得到发挥。这是因为这种反馈激励对于体育教师与学生认清自我存在一定的帮助，进而使体育教学质量得到提高。对于体育教学评价的激励功能应该有效利用，对学生尽可能地开展正面鼓励，避免学生的积极性受到伤害。注意在日常评估时尽量避免学生之间的比较，要帮助学生设定个人进步目标，使他们在每次参与身体活动时充分感觉到自身的进步。

二、体育教学评价的种类

（一）体育教学评价的分类标准

按照不同的标准对体育教学评价进行分类，可以进行多种情况的划分。

1. 根据不同的评价基准进行分类

根据不同的评价基准对体育教学评价进行分类，可以分成自身评价、绝对评价与相对评价三类。

2. 根据不同的评价功能进行分类

根据不同的评价功能对体育教学评价进行分类，可以分成总结性评价、形成性评价与诊断性评价三类。

3. 根据不同的评价内容进行分类

根据不同的评价内容对体育教学评价进行分类，可以分成过程性评价与结果性评价。

4. 根据不同的评价表达进行分类

根据不同的评价表达对体育教学评价进行分类，可以分成定量评价与定性评价。

上述的几种评价方式都存在不同的功能，且每一种评价方式都不仅存在优势，还存在着不足。在评价体育教学设计方案的时候，应该按照体育教学实际的目标与需求对适当的评价类型进行选择。

（二）体育教学的评价种类

1. 体育教学的绝对评价

体育教学的绝对评价主要是指按照体育教学的目标评价体育教学的设计方案、教与学的成果。此评价形式在被评价的集合与群体之外建立了体育教学评价的基准，针对某种指标对集合或者群体中的每一个成员同基准进行逐一对照，进而对其优劣进行判断。通常来讲，会将体育教学的课程标准、教学计划中的教学大纲、课程具体实施方案建立相对应的评判细则。

体育教学绝对评价的优势是存在比较客观的评价标准，因此，在体育教学的评价过程中，如果能够恰当地使用此种评价方式，那么就能够保证每一个被评价者都能够对自身同客观标准之间的差距有所了解，以便他们不断努力，向标准靠拢。此外，通过体育教学的绝对评价，体育教学的管理部门可以对体育教学各项目标的完成情况进行直接鉴别，同时能够对即将开展工作的重点进行明确。但是体育教学的绝对评价也是存在缺点的，在对评价标准进行制定与掌握的时候，容易影响到被评价者的原本经验与主观意愿。

2. 体育教学的相对评价

体育教学的相对评价就是指将基准建立在被评价对象的集合或者群体中，然后逐一地将各个对象同基准进行对比，来对群体或者集合中每一个成员的相对优劣进行判断。体育教学相对评价的基准是群体的平均水平，根据在整个群体中被评价对象所处的位置进行判断。而体育教学相对评价的优势是具有广泛的适用范围，且甄别性强。也就是说，无论群体的整体水平如何，都能够将优劣对比出来。体育教学相对评价的缺点是，由于群体的不同，基准也会产生相应的变化，所以，容易导致评价标准同体育教学目标相背离。

3. 体育教学的自身评价

体育教学的自身评价主要指被评价者从不同的侧面，将过去与现在进行纵横比较，从而对自己各方面的能力展开评价，对自身的进步情况进行确定。体育教学自身评价的优点在于，能够对个性特点给予尊重，同时对个别差异给予重视。通过纵横比较被评价对象或者部分的各方面或者各个阶段，对其现状与趋势进行判断。然而，由于具有相同条件的被评价对象没有与被评者进行比较，所以对其实际的水平与差异进行判断是很困难的。所以，在体育教学评价的实践活动中，选择评价形式的时候，应该将相对评价与自身评价紧密地联系在一起。

4. 体育教学的诊断性评价

体育教学的诊断性评价也被称作前置评价。在开展体育教学的某项活动之前，例如，在前期分析体育教学设计的时候，应该针对学生的智力、态度、体能、知识与技能等方面的情况开展摸底测试，以便对学生的准确情况与实际水平进行了解，对其是否具备体育教学新目标实现的条件进行判断，为体育教学决策提供一定的理论依据，保证体育教学活动同学生背景与需要的协同发展。

我们这里所说的诊断，是一个较大范围的概念，不仅能够对缺陷和问题进行验明，还能够识别各种各样的优点与特殊才能。所以，体育教学针对性评价的最终目的是对体育教学方案进行设计，使起点水平与学习风格不同的学生的需要得到满足，同时，还要在体育教学过程中对学生进行最有益的安置。

5. 体育教学的形成性评价

在体育教学活动开展的过程中，开展形成性评价是为了获得更好的效果。此种评价形式能够对阶段设计成果、阶段教学效果、学生的学习进展情况与存在的问题等进行及时了解，及时做出反馈，并且对体育教学工作进行不断调整与改进。

6. 体育教学的总结性评价

体育教学的总结性评价也被称作后置评价，通常是当体育教学活动结束一段时间以后，为了对体育教学活动的最终结果进行检验而开展的评价。例如，在学年末或者学期末的时候，体育教师会组织考评、考核，主要目的是对学生的学习结果进行检验，看它是否达到了体育教学目标的要求。在体育教学的总结性评价中，对体育教学过程中教与学的结果进行了强调，进而全面地鉴定被评价者所取得的重大成果，对等级进行区分，对体育教学整个方案的有效性做出价值判断。

7. 体育教学的过程评价

在体育教学开展的过程中，针对教学目标实现的手段与方案开展的评价叫作过程评价。过程评价的主要目的是对目标达成的手段与方法的使用情况进行关心与检查。例如，在实现一个教学目标的过程中，游戏法与竞赛法哪一个效果更加明显；在某一个动作技能教学开展的过程中，究竟是完整法比较适合，还是使用分解法好；对于某一种技能的学习，是由学生自己探索发现的，还是在与同伴的讨论与协作下实现的。所以，过程评价的开展不是在体育教学过程中，就是在体育教学设计的过程中。体育教学的过程评价不仅能够促进形成性评价的继续修改，还能够促进体育教学过程中费用、时间与学生接受情况等方面的总结性评价的完成。

8. 体育教学的结果评价

针对体育教学活动具体实施以后产生的效果进行的效果评价就是结果评价。例如，对于某一种体育教学方案的实施效果与某一种辅助性教学设施的使用价值所开展的评价。体育教学的结果评价侧重于对总结性评价的功能进行完善，同时能够将形成性评价的相关信息提取出来。

9. 体育教学的定性评价

体育教学定性评价主要是指针对评价资料展开"质"的分析，是对综合与分析、分类与比较、演绎与归纳等逻辑分析方法进行思维加工所获得的资料与数据，进而开展定性描述的评价。其一般会有两种分析结果出现：其一，描述性材料，存在较低的数量化水平，更为严重的是根本不存在数量概念；其二，同定量分析相结合而产生的，即包含数量化但以描述性为主的材料。

10. 体育教学的定量评价

体育教学定量评价主要是指针对评价资料开展"量"的分析，是对统计分析与多元分析等分析方法进行应用，对所获得的资料与数据做出定量结论的评价。鉴于体育教学中人的因素涉及范围比较广，因而使得各种变量及其相互作用具有复杂性特点，所以，为了能够将数据的规律性与特征揭示出来，应该由定性评价来规定定量评价的范围与方向。

（三）各种"教学评价"的地位和运用频数

上述体育教学评价的每一种形式都存在各自的特点、优点与不足，且并不具备对等的重要意义。在体育教学改革的进程中，它们也存在不一样的突出性与重要性，因此，每一种体育教学评价方式在体育教学实践中的使用频率也有所不同。接下来，笔者将从重要性排序及"评价方式""优点""缺点""当前的重要性""使用频率"等几方面出发，对上述的几种体育教学评价方式进行具体分析。

三、体育教学评价的改革

体育教学评价的改革具有非常重要的意义，主要包含以下几方面的内容：

（一）使应用单一锻炼标准评价学生的模式得到改变

绝大多数的体育教师可能都会遇到此种情况，即在体育教学课或者体育活动开展的过程中，一部分学生没有做出积极的表现。但是根据体育锻炼标准中的体育测试，凭借良好的先天身体素质就能够获得优异的体育成绩。这样即便不够努力也能够取得较好成绩的情况，对那些身体素质先天较弱，但是却一直积极参与体育锻炼的学生而言，是一个沉重的打击。所以，对应用单一锻炼标准评价学生的模式进行改革势在必行。

体育课的成绩应该不仅仅是一方面的，评价的时候将锻炼标准作为唯一的评价方式是不够全面的。因此，按照体育课程评价改革的精神，对于新颁布的学生体质健康标准应充分利用。不仅将其作为一种学生体质强弱测试的标准，还能够将其作为一个学生进步程度的参考。例如，在学生刚刚入学的时候，就组织学生进行体质方面的一次摸底测试，并且在学生的个人档案中将测试的结果记录下来，保证每一学年开展一次测试，同时比较测试的结果，使学生体质提高的情况得到反映，这也将作为学生进步程度的一个评价内容。

（二）改变以教师为唯一评价执行者的评价体制，对学生进行多方位的评价

在传统的体育教学过程中，教师主导了评价活动，导致学生的地位一直是处于被动，甚至是毫无存在感的。作为体育教学活动的主导者，体育教师需要对学生的身体素质基础、运动能力状况进行了解，并且按照学生的学习情况与锻炼表现开展多种针对性的评价活动，进而使学生的积极性得到充分调动，促进体育课目标的尽快实现。伴随"水平目标"的逐渐设立，体育教师的教学任务在每一个阶段都会发生改变，因此，也要保证体育教学方式和方法的应用、体育教学内容的选择实现多样化。在新时期的体育教学过程中，我们在对评价内容进行设计的时候，可以从运动技能、运动参与、身体健康、心理健康与社会适应五方面进行考虑。

（三）对过程评价与结果评价相结合的方法进行应用，使学生学习积极性得到提高

传统的体育教学评价主要是针对学生的学习结果进行评价，重视学生在各项运动中取得的最终成绩，而对于学生整个学习过程的评价则没有重视。所以，导致评价的有效反馈功能逐渐失去，对激励学生学习，在体育教学效果提高与体育教学改进方面并没有多大的作用。

所谓过程性评价，就是对各种评价的工具与方法进行利用，对体育教学的各方

面进行经常性评定，同时要将结果向学生及时反馈，促使学生对问题尽早发现。现阶段，我们不仅要调整体育教学评价的内容，还要在平时的评价中，对学生的练习过程直接进行评价。

此种评价方式的存在，不仅能够保证大多数学生对整个体育学习过程认真、积极地对待，还能够防止一部分学生凭借先天身体素质条件而消极学习的情况发生，此外，还能够对那些先天身体素质差却很努力的学生进行有效鼓励。

所有评价内容的确立、方式方法的应用，都存在一定的变化，它会受到学习阶段深入与水平目标提高的影响，并随之发生改变。此外，还能够按照体育教师的教学习惯来对其进行改变，在不同的班级中，对于不同的学习群体，也可以采用不同的评价方法。我们之所以选择体育教学内容，应用评价方法，主要目的在于通过体育课的开展促进学生运动兴趣的激发，促使其自觉、自主参与体育锻炼的习惯与坚韧不拔、顽强勇敢意志品质的形成，保证学生身体方面、心理方面与社会适应能力方面等全面、健康、和谐地发展，进而使学生的整体健康水平得到提高。

四、体育教学评价新模式

（一）对于评价中学生的地位给予重视，实现自评与他评相结合

体育教学的重要组成部分之一就是体育教学评价，学生既然是学习的主体，也必定是体育教学评价的主体。在体育教学过程中，教师发挥着主导的作用。因此，在评定学生成绩的时候，应该将体育教师的作用充分地体现出来。对能够促进学生全面发展的评价体系进行建立，使得评价主体单一的现状得到改变，保证体育教学评价的主体不仅有体育教师，还要有班主任或者其他的任课教师；不仅要有家长，还要有学生群体，进而使体育教学评价成为一种交互活动，需要教师、学生和家长的共同参与，将"评价主体互动化"体现出来。学生互评能够使学生在角色转换的过程中获得自学满足感，进而使学生比较鉴别、评判是非的能力得到提高，而学生自评能够使学生自我认识的能力与自我健身能力得到培养。

（二）对于学生心理健康发展及体育学习态度、情感的评价给予重视

体育教学的最终目标是促进学生身心健康的全面发展，在对学生体育学习进行评价的过程中，在对运动技能获得与身体素质提升进行考虑的同时，要将学生的心理健康发展作为考核的指标。根据学生的认知规律与心理趋向，对体育课程内容的考核与评价进行设计，学生体育运动参与的积极性能够反映出其自身的体育学习态度，即学生能不能对体育锻炼知识积极地学习、能不能主动参与到体育锻炼中，能不能同他人主动进行体育交往等。体育学习的情感与态度等心理因素影响着学生的未来发展，所以，也应该将它们作为评价、考核的重要标准。

（三）对于学生终身体育意识形成的评价给予重视

体育教学的主要目标是使学生形成良好的体育锻炼习惯，使学生终身体育锻炼的能力得到培养，使学生自觉参与健身活动的主动性得到提高，使被动参与体育活动的行为向自觉参与转变，对学生良好的健身行为与生活方式进行培养。

终身体育能力的培养是体育教学的一个基本任务。我们应该对传统的体育评价体系进行改变，在评价开展的过程中，对学生终身体育意识形成和发展的情况进行考察，保证体育教学评价能够对日后学生的体育锻炼意愿产生影响。

（四）体育教学评价新方法——价值增长评价

所谓价值增长评价，主要指的是利用统计方法，对于经过一段时间学习以后，学生所取得的有"价值"的学业进步或学业成绩增值进行衡量。在体育教学过程中，通常每一学期或者每一学年，学生取得的考评分数会通过价值增长评价的方式向标准分转化，之后，通过对这些标准分的综合，对学生学业成绩曲线图（横坐标为考评次数，纵坐标为标准分）进行构建。尽管每一个学生的曲线图都有不同的形状，但如果对大量学生的学业成绩曲线图进行收集与比较的话，就能够发现它们共同存在的曲线特征，例如，在某段曲线范围，所有的曲线都呈现上升趋势或者下降趋势，我们就能够对体育教师的教学工作进行判断，也就是对教师能否保证学生获得有效

的学习进步进行鉴别。此种对体育教师工作有效性进行评价的方法，逐渐取代了传统体育教师评价的模式，即领导的评价、专家的评价、同事的评价，而且是基于体育教师的教学效果来对他们进行评价，所以，价值增长评价能够保证更加科学、客观地对体育教师进行评价。

第四章　专项身体素质理论及训练方法

第一节　专项特征基础认知

一、专项特征的定义与构成

专项特征是指一个运动项目在比赛规则允许的情况下，以获得最大的运动效率为目标，在力学、生物学等方面表现出的主要运动特点。

通常专项特征可以分为技战术、体能、心理和环境等方面，每一方面又由不同的因素构成。从训练学的角度分析，竞技运动项目的特征包括三个不同的层次：一般特征、项群特征和专项特征。三个不同层次的项目特征在范围上并没有质的区别，其主要差别在于对项目特征解释和描述的程度上。

项目间的差异并不总能体现在所有的项目特征上，如技战术、体能及心理等，尤其对同一属性的运动项目来说，它们的差异可能更多地集中于某一个项目特征中。

二、专项特征的确定

由于各运动项目的性质可以从各个不同的方面和角度去确定，而且一个项目的性质以不同的标准确定可以有多重性，但对其特征的确定要找出区别于其他项目的特别显著的标志。训练中确定运动项目特征通常有三种方法。

（一）各运动项目比赛规则规定取胜的主要因素

以竞技体操为例，我国体操界广大教练员、科研人员、运动员通过多年的探索，多数认为竞技体操项目的显著特征是"难、新、美、稳",这是竞技体操比赛规则规定的取胜的主要因素。

（二）运动项目的主要供能系统

在体能类项目中,经常以主要供能系统确定项目的特征。例如,田径 100 米跑主要特征是 ATP 供能,因此训练中提高运动员的无氧代谢能力、发展速度是最为重要的。

（三）运动项目的技术结构和主要环节

任何一个运动项目的动作技术都有其特殊性,具有不同的技术结构和主要环节。动作技术的结构主要指动作是由哪些部分构成的,动作技术的主要环节是在构成动作技术的若干部分中,对完成动作、决定成绩最具影响的部分。

三、专项特征研究的发展趋势

对专项特征的认识是一个逐步深入的过程,它不仅取决于教练员自身的认识能力,而且在相当大的程度上依赖着科学技术和研究方法的发展。新理论的出现可以为项目特征的认识开辟新的视角,新技术和新方法的问世能够促进认识程度更加深入。当前,在专项特征的认识上出现了以下几方面的发展动向和趋势:

（一）由宏观向微观的发展

从运动训练的角度分析,任何一个运动项目的特征都有一般与专项、宏观与微观之分。宏观的项目特征是从一般或项群共性的角度把握训练的方向,微观的项目特征则是从一个专项的角度指导运动员的训练。如果错误地将一般或项群的项目特征视为本项目的专项运动特征,就不能准确地给运动项目定位,对项目的了解始终处于模糊的水平,甚至会失去训练的方向。

诚然,任何一个事物的发展都需要宏观和微观的指导。宏观的理论可以透过复杂多变的因素把握发展的方向;微观的认识可以对具体的方法和措施进行调整和操作。从竞技训练的角度分析,运动训练的整体发展或某一类项目的发展确实需要宏观理论的指导，但是，对一个具体运动项目的训练来说，迫切需要的，是对项目的运动特征和训练规律进行微观、具体和有针对性的了解和认识，从众多细节中提取出专项的特征，只有这样，才能够真正为专项的训练提供有价值的信息，促进专项运动水平的迅速提高。

专项特征绝不能只停留在宏观的认识程度，而应该深入专项，从多个角度和层面解析专项的特点，提炼出能够反映专项运动本质的规律，这样才可以准确把握专项训练的脉络，提高训练效率。

（二）由外在到内在的发展

对项目特征的认识不能仅停留在专项运动的外在形式上，必须深入神经与肌肉的内在运动水平。运动项目的表面外在特征只能反映运动的结果，而造成这种结果的原因主要在于机体的运动系统和能量供应系统，肌肉在神经支配下的收缩及在收缩过程中对能量的需求。在运动训练中，只有深入了解神经肌肉系统的工作情况，才可能选择正确和有效的训练方法，只有充分掌握运动过程中能量代谢系统的运转规律，才能够确定符合专项特点的训练负荷。

对内在专项特征细节的了解和掌握，有助于提高运动训练的针对性和有效性。了解不同肌肉在专项运动中的参与程度和工作方式，可以帮助人们制订出有针对性的力量训练计划；掌握不同供能系统对专项运动的不同支持作用以及它们之间的关系，可以提高耐力训练的效率；对不同供能系统恢复特点的了解，能够帮助教练员把握和控制训练的负荷。

对专项内在特征的深入认识，是提高专项训练效率的重要条件。与外在运动形式不同，内在专项特征的把握是从神经—肌肉的工作方式和用力程度的层面上解决训练的专项化问题。因此，对专项内在特征的认识程度在很大程度上代表着竞技运动训练的科学化水平。

（三）由静态到动态的发展

专项运动的时间或距离是专项的一个重要特征，它从总体上反映了专项的运动特点，是运动员和教练员制订训练计划的主要依据。但是，时间和距离等指标是对专项特征的总体描述，是专项运动的结果。从运动分析的角度来看，结果并不等同于过程。结果是过程的集合和终点，过程是结果的内容和原因；结果是静止固化的，过程是动态可变的。在运动的过程中，无论是外在的速度、角度和节奏，还是内在的肌肉收缩和能量供应，都随着运动时间的持续而变化，所以，与结果相比，运动过程包含的信息量更加全面，反映的问题更加深入。因此，对专项特征的理解和认识，应该更加重视运动的过程，从过程的动态变化中深入和详细地了解项目的"运动"特征。

专项特征动态描述的另一个作用，体现在对专项运动技术过程的全面了解。以往对专项技术特征的描述往往忽视了体能的存在，主要是对专项技术环节的运动学或动力学标准特征的分析。然而，这种标准的"最佳技术模式"并不能全面和真实地涵盖整个专项运动过程中技术的变化。对几乎所有的运动项目来说，运动员都不可能始终以同样的技术动作完成比赛，随着运动员体力的消耗，运动技术必然发生改变，这种改变在很大程度上反映了专项能力的水平。

从整体上来看，负荷时间和强度是各个竞技运动项目的共性，在比赛距离或时间相对固定的情况下，取胜的关键主要集中在速度和速度的保持能力上。在这个过程中，运动员的身体机能势必影响到专项技术的发挥，体能与技术之间的相互影响和作用始终贯穿于整个专项比赛的过程之中，技术与体能的这一互动关系在很大程度上同样应归属于专项技术特征的范畴。

第二节　体能与专项能力

一、体能

体能是运动员竞技能力的重要组成部分，也是运动技能表现的必要条件。科学合理的体能训练能够提高运动员的竞技能力和改善运动员的身体形态，使之更加适应专项运动和技术的需要，从而达到提高运动水平的效果。同时，对提高运动员预防伤病的能力和恢复能力也有积极意义。毫无疑问，体能训练越来越得到各级运动队教练员的高度重视。体能训练研究也成为目前国内体育科研的热点研究领域，成为众多运动训练学专家所关注的焦点。

（一）体能相关概念辨析

目前，经常可以见到一些和体能相似的词汇，如体适能、体力、运动能力、体质、运动素质等。其实，这些词汇的概念与体能概念有很大的不同，如果不清楚它们之间的区别，就无法对相关的理论问题进行深入的研究。

1. 体能与体力的区别

体力是人体活动时所付出的力量。一般理解为机体整体的抗疲劳能力，它是体能的重要组成部分之一。体力是与耐力有密切联系的概念，但它又不能完全等同于耐力。人们经常谈到的体力，一般是指身体整体的耐力。

体能与体力的主要区别在于，体能不仅内涵上（与体力有所不同，它指的是运动员运动能力与对环境适应能力的结合体）比体力更丰富，而且外延要大于体力，体力涉及的身体抗疲劳能力仅是其适应运动需要的一方面的能力。

2. 体能和运动能力的区别

运动能力是身体在运动中表现的活动能力，包括一般活动能力和竞技运动能力。

体能与运动能力的区别主要表现在概念的层次关系上，体能是运动能力的上位概念，也就是说，体能包括运动能力，它比运动能力涉及的内容要多，如体能还包括运动员对比赛环境的适应能力。

3. 体能与体质的区别

体质是指人体的健康水平和对外界的适应能力，是在遗传性和获得性基础上表现出来的人体形态结构、生理功能和心理因素的综合的、相对稳定的特征。其范畴综合起来有：①身体的发育水平，包括体格、体型、体姿、营养状况和身体成分等方面；②身体的功能水平，包括机体的新陈代谢状况和各器官、系统的效能等；③身体的素质及运动能力水平，包括速度、力量、耐力、灵敏度、协调性，还有走、跑、跳、投、攀登等身体基本活动能力；④心理的发育水平，包括智力、情感、行为、感知觉、个性、性格、意志等；⑤适应能力，包括对自然环境、社会环境及应激源的抵抗能力等。体质侧重点在于先天遗传表现出来的基础的生理和形态结构，是一种比较稳定的、先天性的基本的身体素质和内在心理的倾向，在静态中表现出来的一种机能的特质。

体能是体质的下位概念，即体质包含体能，体能是体质的一个主要方面，是体质的前提和基础，是体质在一定范围内的延伸。体能侧重于运动员的运动能力和运动适应能力，是有机体各器官、系统的机能在肌肉活动中的反映，是人体机能在动态中表现出来的特质。在评价方式方面，体质好坏，用一个精确的"标准"是不可能完成的，而体能是生理机能的外在表现，是身体物质做功的能力，体能水平的高低可以有速度、力量、耐力、灵敏度等身体素质计量指标。在运用方面，体能主要应用于运动训练研究实践中，而体质则侧重应用于遗传和医学等方面。

4. 体能与运动素质的区别

运动素质是体能的外在表现，是体能的构成因素之一，属体能的下位概念，也是运动实践中评价和检查体能水平的常用指标。体能与运动素质既有联系，又有区别。运动素质是指运动员具备的力量、耐力、柔韧性等。

体能概念涵盖的内容更广，既有运动素质，又有运动员对比赛环境的适应能力。所以，专项训练中，体能训练是从整体、全局的角度，运用各种有效的训练手段和方法，提高运动员的专项运动能力和对比赛环境的适应能力，使运动员的身体形态、机能水平和运动素质在同一个体中实现最优配置，达到提高竞技能力的目的。而运动素质训练主要偏重速度、力量、耐力、柔韧性等能力的提高。

（二）体能的特点

至今，体能训练已成为各个运动项目竞技能力训练的主要内容，但由于教练员对体能本质特征的认识存在差异，因而，体能训练效果也不尽相同，所以，揭示体能训练特点很有必要。体能的特点归纳起来包括特异性、时间局限性和不均衡性。

1. 体能的特异性

体能的特异性又称专项性。从不同运动项目中挑选相同年龄阶段的运动员进行最大吸氧量和最大氧债值实验室测定，所得数据较为一致，但若再用专项负荷进行测验就可发现，其结果与实验室资料比较差异很大，说明体能存在着特异性，即专项性的特点。

体能的获得是通过采用专项特有的手段训练的结果，即使用非专项的手段来获得，也必须符合该项目的要求。其生物学机制在于适应过程的专项特异性，这是现代竞技运动中保证运动技术水平的一个特征。适应性反应的专项特异性不仅表现于身体素质和植物性神经系统能力的发挥方面，而且表现于心理因素的发挥方面，特别是在完成紧张肌肉活动，又必须用意志来加强工作能力这一方面。

2. 体能的时间局限性

某一种体能水平只能保持相应的时间，这就是体能的时间局限性。体能的产生过程即是运动员有机体的适应过程，任何适应过程都存在着两种适应性反应：一是急性但不稳定的；二是长久的相对稳定的。急性适应性反应产生的体能，取决于刺激的大小、训练水平及其机能系统的恢复能力。由专项强化训练所获得的体能虽然目的很明确，但并不表示有极大的稳定性。因为这种适应性反应是通过高强度的专项负荷产生的，是以超量恢复为其表现特征的，并不建立在各种器官和系统的肥大、变异的基础上，即生物学的形态改造上，这就导致体能存在着时间局限性。

虽然相对稳定的适应性反应是建立在各器官、系统的形态改变基础上，但是各运动专项的特点是随着专项成绩水平的提高而变化的。即使在某一时期已形成较为稳定的体能，但随着专项特点的改变，原有的体能也不再能满足未来专项特点的需要，因此表现出时间局限性。

3. 体能的不均衡性

体能的不均衡性表现为已获得的体能不可能在较长时间的工作过程中维持同一水平。这是因为，任何肌肉活动都是依靠有机体的能量供应系统的工作保证的。能量供应系统存在着无氧系统和有氧系统。无氧与有氧系统工作时，机制迥异，动员的器官系统也不相同。虽然这一工作过程发生在同一机体上，但相互之间有着一定的独立性。在维持较长时间的工作时，虽然有主导供能系统支撑工作，但还是要依靠互相的交替和补充。这时，各供能系统之间存在着"衔接"的问题。由于每个供能系统的发展并不完全一致、整齐划一，因此必然会产生总能量供给的波动状态。

（三）影响体能发展水平的主要因素

体能发展水平的高低，受运动素质、形态结构、机能水平、心理品质和适应能力等多种因素的影响。

1. 形态结构对体能的影响

人体的形态结构影响体能发展水平的高低。通过发展肌肉的力量练习，肌肉的横断面增大了，肌肉的重量体积增加，运动员的体重增加了，形体发生了变化，在投掷运动中，增加了运动员动作过程中的动量。在动作速度、动作技术等基本不变的条件下，随着人体动量的增加，器械出手时的速度就增加，从而器械就能飞行更长的距离。足球、篮球等项目中运动员肌肉体重的增加，就增加了在同等动作速度条件下的动量，提高了在短兵相接时的对抗能力，包括合理冲撞能力。

关节、韧带包括形体等形态结构通过训练发生了有利于支撑能力的变化和提高，就能直接提高支撑能力，如举重运动员的肩关节、肘关节通过训练，在额状面和矢状面内发生了能够充分伸直的变化，就能减少直臂支撑杠铃时的水平分力，增加向上支撑杠铃时的垂直分力，提高运动员支撑杠铃时的力量。同样的道理，运动员的"O"形或"X"形腿通过训练有所改变，也能提高人体由下蹲状态向上起立时的负重能力。

通过训练，运动员心脏的心室或心房的肌肉出现运动性增厚，肺脏呼吸肌增加，等等，这些形态结构的变化，导致心脏每搏血液输出量增加，尤其承担最大运动负荷时，心脏血液最大输出量增加，这就有利于人体承受最大运动负荷时氧气和营养物质的供应、代谢物质的还原和消除等机能能力的提高，进而有利于体能的提高。

2. 人体的机能能力对体能的影响

人体的机能能力包括承担负荷量的能力、承担负荷强度的能力、承担总负荷的能力、恢复能力、免疫能力、可塑性、体能动员发挥能力等，这些能力的大小直接影响体能的大小。

承担负荷量、强度、总负荷能力的高低是衡量和评定体能高低的主要指标和标准，其中任何一项能力指标的上升或下降都是体能提高或下降的标志，任何一项指标提高了，即标志着体能相应提高了。

恢复能力，尤其是以大强度为主的大负荷训练后的恢复能力是近代运动训练中越来越受重视的主要训练指标之一，提高恢复能力是最重要的研究课题之一。这是因为恢复能力的大小或高低直接决定体能能力、竞技能力提高的幅度、速度及最终达到的高度。大负荷刺激后，身体产生不适应反应，恢复能力强的运动员产生新的训练适应的能力就强、可塑性就大，包括体能在内的各项竞技能力因素提高就快。

适应能力、免疫能力也是对体能的高低起决定性影响的因素之一。该能力的稳定提高对体能的提高和发挥都起着保证和促进作用。对训练负荷、训练比赛等体内外环境适应性差的，对流行疾病免疫力低的运动员体能的稳定性必然差，训练的系统性必然缺乏必要的保证。体能的动员发挥能力也是体能的重要组成部分之一。体能水平基本相同的两名运动员，谁的动员发挥能力强，谁就能获胜，这也是比赛中最普遍的现象。

3. 心理能力、技能等竞技能力因素对体能的影响

在运动训练和比赛中，运动员的体能不但与形态结构、机能能力、运动素质等因素或与这些因素的潜力直接相关，而且与能否把这些可能性和潜力充分协调组合、充分发挥表现出来的心理能力、技能，甚至是战术能力等竞技能力的组成因素的能力大小密切相关。

在各个运动项目中，尤其在体能类运动项目中，经常能见到一些运动能力，甚至形态结构较好的运动员，由于承受心理压力和抗外部干扰能力较低，或动作技术不尽合理，不够稳定巩固，造成体能能力或其潜力得不到应有的发挥，运动成绩往往还不如一些体能能力及潜力与自己基本相同、基本相近甚至稍低而心理素质和技术水平发挥较好的对手。

4. 比赛环境对体能的影响

体能就身体本身而言，具有贮备性和潜在性。如主观不情愿或客观受限制，则体能不能得以展现和发挥。其一，主观能动性如何。主观上可以调控自身能力释放的总量和强度，因此思维指令是决定体能发挥的关键因素。其二，神经中枢的兴奋状态怎样。精神振奋与萎靡不振势必有截然相反的体能表现。其三，意志品质等心理特征怎样。体能的施展是一种体力的耗费，在许多情况下是一种艰难甚至是痛苦

的生理过程，其中意志品质的作用是相当重要的。其四，对变化的外界环境的适应能力如何。外界环境的变化，势必引起机体的应答反应。体内的这些变化就会连锁地影响体能的发挥，适应能力强，机体调节快，就能应答自如，宛若平常。

综上所述，一定的体能水平或潜力，必须具有相应的心理能力和技能等做保证才能相应或充分地发挥出来，才能构成竞技能力中的体能优势，才有实际意义。因此，在体能训练中，不但要切实抓好体能三大组成部分的训练提高，还要认真抓好心理能力、技能水平的改善和提高。

5.形态结构、机能能力和运动素质的相互关系

形态结构制约机能能力的发展和提高，机能能力制约运动素质的发展和提高。因此，体能训练内容和训练安排，不仅要最终落实到运动素质的发展和提高上，还要相应兼顾到形态结构、机能能力的提高和发展，这样才能使体能训练收到事半功倍的效果。例如，肌肉的肌腹长，肌腱短而粗壮，去脂体重大，肌肉的放松紧张能力强，等等。肌肉的形态结构条件好，这就预示着肌肉的收缩能力强，发展潜力大；机能能力的发展提高快，潜力大；力量、速度等运动素质发展潜力大，最终体能提高快、水平高。

形态结构制约机能能力，机能能力制约运动素质的发展，形态结构、机能能力等体能因素水平的高低必须通过运动素质的高低表现出来才有实际意义，才能促进体能，进而促进竞技能力的提高。

在运动实践中，一些运动员的形态结构、机能能力均不错，但运动素质水平相对不高，导致体能上不去，或水平不高，最终导致竞技能力和运动成绩受到限制。而有些运动员的形态结构或机能能力并不是很好，但运动素质却能上得去，表现出很高的体能水平和竞技能力。

二、专项能力

专项能力与运动员专项运动紧密相关，它是能直接促进专项成绩提高的一种特殊能力。对运动员而言，其竞技能力的充分发挥，主要依靠对运动成绩具有决定性作用的专项能力的强化训练，挖掘其体能和技术的潜力，才能有效促进运动成绩的快速提高。专项能力训练的目的是根据运动员现有条件，将个人身体素质转化为专

项竞技所需的能力。不但练习内容要依运动员训练水平、技术状况、训练时期、年龄及生理、心理特点而定，而且其动作时机、速度、顺序、路线、幅度及身体姿势等时间和空间特征也应尽量接近比赛技术动作，或尽可能满足专项竞技和比赛的需要。因此，专项能力训练是将运动员身体机能和身体素质转化为专项实战能力的重要桥梁，在实践中往往是取得高水平运动成绩进一步突破的关键环节。

（一）专项能力的定义

一个未受过竞技运动专业系统训练的人也许同样具备很好的肌肉力量，但是他在任何一个运动项目的比赛中都不可能达到高水平，其原因就在于他拥有的力量不是专项所需的力量，专项能力达不到专项运动员的水平。

专项能力指运动员在特定专项领域所具备的竞技能力，是提高专项训练水平和专项运动成绩所具备的最直接的竞技能力。专项能力主要包括专项运动素质、专项运动技术、专项战术意识和战术能力、专项心理品质及专项运动智能。专项能力的高低直接决定着专项训练水平和专项运动成绩的好坏，专项能力的提高必须通过长期系统的训练才能实现。

（二）专项能力的训练

在各个项目的训练过程中，都必须处理好专项能力与一般能力的发展关系，合理安排好两种能力训练的内容和训练时间的比重。在多年训练过程中，随着训练水平的提高，专项能力的训练应逐渐占主导地位。

1.强化"专项"在训练中的核心位置

在运动员多年训练过程中，一般能力和专项能力的发展在比例上并不是等同和不变的，而是随着年龄和专项成绩的提高不断地发生变化。一般来说，在基础和初级训练阶段，一般能力的训练占有重要位置，而随着年龄和运动成绩的提高，专项能力的训练比例逐渐增加，直至在进入高水平训练阶段后成为训练的核心。

在过去的训练中，人们过于强调训练的"多样化原则"，在运动员进入高水平训练阶段后，仍然采用大量分解和局部的训练手段和负荷发展运动员的专项能力。

在这一训练思想的指导下，恰恰忽视了专项本身作为一种专项训练手段对专项能力发展的作用，没有认识到完整的专项练习是集机体各种不同能力于一身，从生理、心理到技战术等多方面对机体构成最全面和最适宜刺激的训练手段，致使以突出整体和综合性为主要特征的专项能力得不到有效的发展。

这一专项训练旨在强化"专项"在训练中的核心位置，以提高专项成绩作为训练的最终目标，从运动训练的生物适应理论出发，最大限度地调动和发挥机体的专项潜能，在科学训练思想的指导下强调和突出不同运动能力的协作和整体发展。完整和高强度的专项训练对高水平运动员尤其重要。运动员进入高水平训练阶段后，各项身体素质及它们之间的协作已经达到很高水平，某一局部运动能力的改善不仅很难使专项成绩得到提高，而且有时还会影响整体的发展。

此时，只有运用完整和高强度的专项练习手段才能在更加接近实际比赛的环境中，充分挖掘那些与专项密切相关的器官和系统的潜力，从整体上促使不同素质之间、各种素质与技术之间以及心理、环境等因素与技战术的发挥之间的协作更加均衡和稳定。另外，体能类项目的特点也决定了"专项"在训练中的核心作用。当运动员进入高水平训练阶段之后，运动成绩的进一步提高在很大程度上依靠"体能"的改善才得以实现。分解和局部的训练在训练负荷上难以达到"专项"的训练效果，显然无法有效地提高专项能力。

2. 进行接近完整技术和完整技术的分项练习

完整和高强度专项练习的训练，体力与神经能量消耗大、恢复慢，训练中反复次数不能多，课次也不能密集，在整个训练过程中所占比例要恰当。所以在训练中还应采用接近完整技术的分项练习。

在将专项作为发展训练能力的重要手段的同时，必须注意到训练的负荷，尤其是强度。强调完整的专项训练并不意味着盲目增加训练的强度，过高的训练强度并不能解决专项训练水平问题，甚至还可能妨碍专项能力的发展。

3. 提高训练强度

传统的周期训练理论曾对运动训练产生过较大的影响，但已不能完全适用于现代高水平竞技体育研究。在旧的训练模式的指导下，一些教练员片面地理解训练"量"

与"质"的关系，机械地认为数量的堆积是获得训练质量的前提，简单地将由训练量引起的机体疲劳作为衡量训练效果的指标。这种以"量"为主构成的训练，即使是运用了非常"专项化"的训练手段，也不可能提高训练的"强度"。运动成绩的提高，取决于多方面的因素，其中训练质量对训练的效果起着至关重要的作用，而训练的质量取决于训练的强度、完成专项技术和练习动作的正确性及练习的密度和数量等。训练目标不明确、重点不突出、针对性不强的低强度训练，难以提高运动员的专项能力。运动训练实践已经证明，随着运动员竞技水平的提高，机体各器官、系统的功能及它们之间的协作不仅达到了相当高的水平，而且日趋逼近生理机能的极限。运动员进入高水平训练阶段的一个主要特征为竞技能力的"可塑空间"逐渐减小，专项成绩的提高速度日趋缓慢，它导致运动员对训练手段和负荷的要求显著增强。在这种情况下，低强度大负荷训练不利于专项水平的提高，有一定强度要求的训练才有助于运动员保持稳定状态，在比赛中发挥水平。

4. 根据"从实战出发原则"安排训练

"从实战出发"就是要将比赛场的残酷性、对抗强度、比赛压力体现在训练中。

（1）掌握项目特点和规律

运动项目特点是建立科学指导思想的根本，是科学设计训练方法的源泉，是制订科学训练计划的指南。因此在实践中，只有切实了解和掌握了运动项目的特点，才能做好优秀运动员的专项能力训练，否则一切都是空谈。对运动项目的规律和特点有了本质的认识，专项运动能力训练的方向才不会出现偏差，运动成绩才会大幅提高。项目的特点不是一成不变的，随着比赛规则的变化、运动水平的提高，在训练中对专项的理解也应随之变化，专项训练的方法和手段也应发生相应的变化。

（2）重视训练与比赛的一致性

从实战出发就是从比赛的实际需要出发，是专项训练与比赛一致性的具体体现和要求。从实战出发要求在训练中使用比赛时完整且高强度的专项训练手段，这对于体能类项目十分重要，如田径中的跳高和跳远等。完整和高强度的专项训练对于高水平运动员尤其重要。运动员进入高水平训练阶段后，各项身体素质以及它们之间的协作已经达到很高水平，某一局部运动能力的改善不仅很难使专项成绩得到提高，有时还会影响到整体的发展。此时只有运用完整且高强度的专项练习手段，才能在更加接近实际比赛的环境下，充分挖掘那些与专项密切相关的器官和系统的潜力，从整体上促使不同素质之间、各种素质与技术之间以及心理、环境等因素与技战术的发挥之间的协作更加均衡和稳定。

（3）坚持从难、从严要求

从实战出发，在进行专项能力训练时要从难、从严进行。从实战出发的"难"就是强调专项能力训练的针对性和高质量；从实战出发的"严"，最根本的就是要突出专项的特点。从难和从严的训练要求训练必须有针对性，根据实战需要从实际出发，结合运动员的个体特点，进行有针对性的训练。

（4）注重心理和智力的培养

对优秀运动员的培养，不仅包括加强对其体能和技术的训练，更重要的是加强对其心理和智力的训练。例如，根据运动员的心理与智力特征，坚持从实战出发，塑造其优秀的心理素质。在实战训练中要打破以"体力投入为主"的单一训练模式，使之向身心并重、技能合一的方向转化和发展。在实践中，有些运动员在大赛中因心理失衡而导致失败，其实就是平时训练中不注重内在质量的结果。

第三节　专项身体素质训练方法

一、专项力量

（一）专项力量概念的界定

1. 不同项目对力量的不同要求

在对"专项力量"进行界定时，必须弄清不同项目对力量的不同要求，通过分析几个典型项目的用力特点后发现，这些要求主要体现在以下方面：

第一，在不同的运动项目中，由于专项动作用力时刻的起始速度要求不同，最终将导致不同专项运动员的力量产生差异。

第二，由于不同的项目对肌肉用力的持续时间要求不同，导致对运动员的肌纤维成分、用力时的供能系统，以及最大力量和快速力量的要求不同。

第三，在肌肉用力的目的相似时，用力收缩方式稍有不同，就会对力的效果产生重大的影响。

第四，在动作结构相似的条件下，如果用力方向的要求不同，对运动员的用力要求也是不同的。

第五，即使在动作结构相似的条件下，如果克服的恒定外界阻力不同，对肌肉力量的要求也会不同。

第六，不同的项目，产生反作用力的物质材料的性能不同，对肌肉用力的要求就不同。

第七，即使动作的结构相近，但由于不同项目的战术要求不同，会造成肌肉力量特点的不同。

不同项目对力量的不同要求中，上述第一至第四点都指明了不同专项的运动员其肌肉收缩用力在时间和空间上的区别，这些区别又是由于运动员在比赛规则的要求下，为了最大限度地挖掘力量潜力所采用的技术造成的。第五点和第六点的恒定外界阻力及产生反作用力的物质材料，虽然是由规则规定，但这种规则上的限制决定了运动员采用哪种技术。第七点则指明了战术对力量特点的影响。

总之，不同项目运动员的力量特点，主要是由该运动员比赛动作的技术和战术在时间和空间上对肌肉用力的要求来决定的。

2. 对专项力量的认识

对"专项力量"较为准确的解释是，在运动员比赛动作技术和战术所要求的时空条件下，参与运动的肌肉或肌群收缩克服阻力的能力。由于这种肌肉的能力最终表现为运动员在该项目的比赛中，为了获得比赛的优胜，在符合规则的条件下，对人的整体或某一部分或器械进行最大限度的加速或减速，或使它们保持在一个特定的位置上，因此，运动员所克服的阻力、运动员或其控制的器械的速度大小或速度变化大小，以及位移大小和姿势的准确与否，都可用来考查运动员在专项力量上的水平。特别要注意，"时空条件"应该包括肌肉收缩时的速度大小、收缩开始前所需改变状态的物体的初速度、肌肉用力的持续时间和肌肉收缩形式。另外，技术是一种理想的"模式"，反映的是一般规律，具有共性；但又必须考虑运动员个人的特点，具有个性。同时技术具有相对性，它随实践的发展而发展，始终处于一个动态的过程中。在理解战术要求时，要特别注意，由于要贯彻战术意图，运动员的心理定向将导致对比赛动作要求的影响。

（二）专项力量训练机理

专项力量是指在运动员比赛动作技术和战术所要求的时空条件下，人体参与运动的肌肉或肌群收缩克服阻力的能力。专项力量训练的目的就是通过专门的肌肉力量训练，使运动员相关的神经肌肉系统引起专项化的适应和提高。

神经肌肉系统可以通过神经和肌肉两条途径来适应训练。根据训练计划的特征，发展肌肉力量时，爆发力将会因为去适应其他力量的特征而导致下降。比如，用完成很慢的大负荷抗阻力练习来提高运动员的最大力量时，就可能导致肌肉快速力量和快速收缩能力的下降。因此，首先要确定目标运动的专项化神经肌肉特征，再去安排用以提高专项力量的各种抗阻力练习。

神经肌肉系统引起的适应，以及由此在运动中产生的提高，与所运用的抗阻力练习类型密切相关。这种训练的专项性涉及练习的各个特征，包括练习所动用的肌肉群、动作的结构、关节运动的范围、肌肉收缩的类型与速度。力量训练的专项适应性，要求必须确定目标活动的专项需求。对专项需求的完整分析应该包括参与工作的肌群、收缩类型、动作速度、"拉长—缩短周期"运动的要求、克服或移动的负荷、动作的持续时间、保持高能量输出方面的要求、能够提供的间歇周期和受伤的可能性等方面。

（三）专项力量训练

1. 体能主导类快速力量性项群

体能主导类快速力量性项群包括跳跃、投掷和举重项目。快速力量的训练在本项群训练中有着特别突出的地位。跳跃项目中快速起跳能力的培养、投掷项目中器械出手速度的训练、举重项目迅速发力上挺能力的训练，都在本项群训练中日益引起高度重视。

2. 体能主导类速度性项群

体能主导类速度性项群包括短跑、短距离游泳等项目，如100米跑、200米跑、50米自由泳、100米自由泳与100米跨栏等。

短跑运动员专项力量训练。该项目的力量是一种动力性力量，根据用力的性质，动力性力量又可分为重量性力量和速度性力量。短跑运动中的肌肉活动，既表现为重量性力量，又表现为速度性力量，只不过在短跑运动中，肌肉的收缩速度更明显、更重要。因此，把短跑运动员的用力称为速度性力量。

短跑运动员的力量训练必须和技术相结合，才能使力量训练达到最佳的效果，因为力量训练的最终目的是学习技术、提高运动成绩而服务的。可是怎样使二者结合起来呢？简言之，围绕着技术结构的特点进行力量训练。例如，先进的短跑技术要求落地时小腿和踝关节要做积极后扒动作。假若小腿和踝关节的力量差，就不容易做出此动作。为此在训练中就要加强对小腿和踝关节的力量训练。

练习方法有以下几种：①负重做快速的小步跑。要求：落地时小腿和脚做积极的后扒动作，并保持高重心。②负重做高摆扒地的技术。要求：大腿高抬，而后积极下压踝膝放松，小腿自然前伸，落地时积极后扒。③弹性踮步走和弹性踮步跳。要求：脚掌着地过渡到足尖，有弹性地走或跳。④沙坑或木屑跑道上做各种弹性跳。要求：踝关节充分用力落地，要有弹性（单足跳、跨步跳和原地双脚跳）。⑤负重（杠铃或沙袋）的原地双脚跳起。要求：脚跟不落地、落地后立即反弹跳起。⑥跳深（40厘米高）。要求：足尖着地，落地后立即反弹跳起。

游泳的专项力量训练。进行游泳运动员力量训练，力量练习手段选用必须与游泳技术动作结构和完成动作的主要工作肌肉群用力形式相似，才能获得最佳的训练效果。游泳运动员的陆上和水上力量练习应该结合起来，陆上练习的持续时间应与水上比赛项目所需时间相同，这样才有利于将陆上发展的力量转化为水中的力量。

采用陆上力量练习器进行专项力量练习时，必须考虑到水上训练的练习特点，水上和陆上练习的负荷方向一致才是合理的，可进行的陆上专项力量练习器有橡皮拉力、滑轮拉力和等动拉力。这三种练习器各有不同的特点，相对来说，等动拉力更适合专项练习，它充分考虑到了水上阻力的性质。在练习的安排上，如果水上主要进行速度训练，那么进行力量练习器的训练时，应做力量或速度力量类型的练习。

3. 技能主导类对抗性项群

隔网抗性项群包括乒乓球、羽毛球、网球、排球等项目。专项力量素质是该项群运动员对抗能力、速度，以及运动技术动作的掌握与完善的基础和保证。所以，要求运动员必须进行全面的专项力量训练。

（1）发展上肢专项力量素质训练

发展上肢专项力量素质训练可进行各种徒手的挥拍动作训练；持铁制球拍进行各种挥拍动作的训练；持轻哑铃进行各种挥拍动作的训练；用执拍手进行掷远训练；进行扣杀、扣球击远的训练。

乒乓球上肢专项力量训练还可采用借力强行训练法，这是一种极限训练法。主要用于发展乒乓球运动员的相对力量。训练方法：乒乓球运动员在完成极限负荷，训练到每组的最后阶段，单靠运动员本身的力量已无法完成动作，这时教练或同伴及时给予恰当的助力和保护，使其重新再进行挥拍 2～3 次。这个动作的关键是给的助力要恰到好处。这种训练方法可使肌肉得到最高强度的刺激，能有效地提高肌肉收缩的速度和力量。

（2）发展下肢专项力量素质训练

乒乓球运动员下肢的专项力量训练也至关重要。训练方法有负重半蹲后跳起训练，负重半蹲侧滑步训练，负重交叉步移动训练，负重单、双脚跳训练，负沙背心或者绑沙护腿进行各种步法移动训练。做杠铃半蹲，首先适当放松关节肌肉，选择用尽全力最多做 15 次的重量来做，8～10 个一组，做 4 组，每组间休息 1～2 分钟，每周做 3 次。注意动作中速度要由慢到快，再由快到稍慢。乒乓球要求爆发力，更要求速度，所以不能用健美运动那样的方式来训练，每周不要超过 3 次，超过 3 次效果反而不好。

二、专项速度

（一）专项速度训练机理

专项速度训练的目的，就是针对不同的专项，通过专门的反应速度训练、动作速度训练、位移速度训练，使运动员相关的神经肌肉系统引起专项化的适应和提高。专项速度的生理、生化基础表现为以下几点：

1. 专项反应速度

反应速度的快慢取决于兴奋通过反射弧所需要的时间，即反应时的长短。在构成反射弧的五个环节中，传入和传出神经的传导速度基本上是固定的。所以，反应时的长短主要取决于感受器的敏感程度、中枢延搁和效应器的兴奋性。其中中枢延搁优势最重要，反射活动越复杂，经历的突触越多，反应时越长。

2. 专项动作速度

（1）肌纤维类型的百分比组成及粗细

肌肉中快肌纤维百分比越高、快肌纤维越粗，肌肉收缩速度越快。

（2）肌组织的兴奋性

肌组织兴奋性高时，强度较低且时间短的刺激强度就可以引起组织的兴奋。

（3）条件反射的巩固程度

在完成动作的过程中，动作技术越熟练，动作速度也就越快。

3. 专项位移速度

以跑为例，位移速度主要取决于步长和步频两个因素及其协调关系。步长主要取决于肌力的大小、肢体的长度及髋关节灵活性和韧带的柔韧性；而步频主要取决于大脑皮质运动中枢的灵活性、各中枢间的协调性、快肌纤维的百分比以及其肥大程度。神经过程的灵活性好，兴奋与抑制转换速度快，是肢体动作迅速交替的前提，各肌群间协调关系的改善，可以减少因对抗肌群紧张而产生的阻力，有利于更好地发挥速度。所以在周期性的项目中，肌肉的放松能力的改善，也是提高速度的一个重要因素。

（二）专项速度的特点

区别于一般速度的专项速度，按不同的表现形式，可分为专项反应速度、专项动作速度及专项位移速度。运动员在大多数运动项目中所表现出来的专项速度，都是这三种表现形式的综合体现，但在不同项目中，专项速度的三种类型各自占的比重有所不同，通常不会单独出现，而是在不同的专项中表现出各自不同的需求。

运动员专项速度的发展水平对其总体竞技能力的高低有着重要影响。竞技技术动作大多要求快速完成，良好的专项速度有助于运动员更好地掌握合理而有效的运动技巧，肌肉快速的收缩能够产生更大的力量，高度发展的专项速度又为速度耐力、专项耐力的发展提供了更大的空间。在不同的运动项目中，专项速度有着重要的作用。对体能主导类速度性的竞技项目，专项速度水平直接决定着运动成绩的好坏；对耐力性项目，高度发展的专项速度有助于运动员以更高的平均速度通过全程；对技能主导类项目，时间上的优势可以转化为空间上的优势，使体操、跳水等项目选手有更大的可能完成难度更高的复杂技巧，使球类及格斗项目选手获得更多得分的机会。

（三）专项速度训练

依据项群理论，以运动项目所需运动能力的主导因素为基准，将竞技项目首先分为体能主导类、技能主导类、技心能主导类、技战能主导类四大类。继而以各项体能或技能的主要表现形式或特征作为二级分类标准，把体能主导类项目分为快速力量性、速度性及耐力性三个亚类；把技能主导类项目分为表现难美性、表现准确性；技战能主导类则分同场对抗性、隔网对抗性、格斗对抗性及轮换攻防对抗性四个亚类。发展不同类项群专项速度的要求是不同的。

1. 体能主导类

（1）体能主导类快速力量性项群专项速度训练

如跳跃、投掷、举重。该类项目对专项速度的要求主要表现为专项动作速度和专项位移速度。以跳高为例，对其专项速度的训练，主要围绕提高运动员动作速度和位移速度进行。由于大脑皮质神经过程的灵活性是实现高频率动作的重要因素，因此，做高频率的动作的重复练习有助于其发展，如跳深、连续跨步跳、原地跳、沙坑跳、跳绳、短距离极限跳、立定三级跳、连续单足跳等。每天训练课跳150 ~ 300 次，每组重复 1 ~ 5 次，训练负荷采用本人最大速度的90% ~ 95%。在专项速度练习之后，进行放松训练，提高肌肉的放松能力。

（2）体能主导类速度性项群专项速度训练

如 100 米跑、100 米游泳、500 米自行车等。这类项目对专项速度的要求主要表现为专项反应速度、专项动作速度、专项位移速度三种速度的有机整合。例如，100 米跑的提高反应时的练习。通过反复发出各种信号刺激让练习者迅速做出反应的信号刺激法练习，是实现缩短反应时的重要手段。如反复进行听起跑口令或枪声起跑练习。此外，还应完善起跑技术，提高动作速率的训练。高频率动作的重复练习有助于发展肌组织的兴奋性，如快速小步跑、快速高抬腿；还可以进行牵引跑、跑台、顺风跑等借助外力提高动作频率的练习。发展磷酸原系统供能的能力，多次重复 20 ~ 60 米的快跑、行进间 20 ~ 60 米快跑、追逐跑等。提高肌肉的放松能力，用最大速度跑，来避免肌肉过分紧张。发展力量和柔韧性，如持哑铃重复摆臂练习、负重跑、阻力跑等。

（3）体能主导类耐力项群专项速度训练

包括中长距离及超长距离的走、跑、骑、游、滑、划等所有的项目。这类项目是以速度耐力为主导，对专项速度的要求主要表现为专项位移速度。以 1500 米跑为例，在牵引跑、跑台、顺风跑等借助外力提高动作频率的练习的基础上进行持续训练，即在一定的速度基础上进行持续 1 分钟左右的练习，以通过提高乳酸能供能能力来解决位移速度尤其最后 400 米冲刺的能力，提高肌肉的放松能力。在长距离的跑动过程中，注意脚步与呼吸的节奏，摆臂放松，以避免过分紧张。肌肉放松能力的好坏对保持高速度起着重要作用。

2. 技能主导类专项速度训练

如体操、艺术体操、技巧、跳水等。这类项目对专项速度的要求主要表现为专项动作速度。以跳水为例，主要采用高频率动作的重复练习，有助于其专项速度的发展。快速练习：如计时俯卧撑；纵跳转体练习：原地跳起转 360° 或 720° 练习，连续进行 10 ~ 20 次，要求转体要快速，连续 2 ~ 3 组；快速翻转练习：连续踺子接小翻、连续快速侧手翻；快速哑铃练习：持 1 千克重轻哑铃，做快速头上双臂屈伸；减少阻力法，可以利用一些增加助力的方法来减轻运动员体重，提高运动员的动作速度，目的是提高运动员高速运动的感觉能力，以帮助运动员提高完成某一技术环节的动作速度。提高速度力量是提高动作速度的重要基础。如计时快速推倒立、臂屈、俯卧撑；计时快速完成两头起、背屈伸；计时快速引体向上练习；规定距离的快速爬倒立练习；等等。

3. 技战能主导类

（1）隔网对抗类专项速度训练

如乒乓球、羽毛球、网球、排球等。这类项目对专项速度的要求主要表现为专项反应速度、专项动作速度、专项位移速度三种速度的有机整合。以乒乓球为例，提高反应时的练习可采用信号刺激法，如多球快速练习、视觉反应练习。提高动作速率的训练可进行多球练习，加快供球的节奏和增大回球的难度等。提高灵敏度训练可进行正确的、反复的练习技术动作，尤其结合性技术动作，提高各种技术动作之间的衔接和转换的协调性和节奏感。提高 ATP-CP 系统和乳酸能供能系统的机能水平可利用"重复训练法"，把时间控制在 1 分半钟以内，使用两人连续的快速对拉等方法提高 ATP-CP 系统和乳酸能供能系统的机能水平，提高肌肉的放松能力。

（2）同场对抗类专项速度训练

如足球、手球、冰球、篮球等。这类项目对专项速度的要求主要表现为专项反应速度、专项动作速度、专项位移速度三种速度的有机整合。以足球为例，训练方法如下：

①提高反应时的练习

信号刺激法。如轻跳，听（看）教练员击掌，快速转体 180°；队员站成四路纵队，人与人之间距离 3 ~ 5 米，教练员站在队伍前面，按照教练员口令和各种手势，全队做向前、向后、向左、向右快速起动 2 ~ 3 米或原地转体 180° 等各种动作的变换练习。

②提高动作速率的训练

重复训练法。通过反复地在快速运动中完成两个或两个以上技术动作结合的练习，逐步提高运动员无球和有球技术动作的熟练程度，建立巩固的动力定型。大量采用田径运动中训练短跑运动员的训练方法来提高足球运动员的跑速。多采用15～30米各种不同开始姿势的快速冲刺跑。如后退四五步后立即向前冲刺10米；连续向前冲三步，再转身后退两三步，再向前冲三四步等。

（3）格斗对抗类专项速度训练

如摔跤、柔道、散打、拳击等。这类项目对专项速度的要求主要表现为专项反应速度、专项动作速度、专项位移速度三种速度的有机整合。以拳击为例，训练方法如下：

①提高反应时的练习

信号刺激法。如"相互摸肩练习"，即两人相对分开站立，伺机拍击、触摸对方的肩部，且可相互躲避对方的拍击，看谁反应快、拍击次数多。

②提高动作速率的训练

如"最高速度完成单个动作或组合拳法的练习"，在15～20秒内，尽最大速度，尽可能多次快速地完成单个动作或组合拳法。"负重快速完成动作法"，以最大力量水平的15%～20%为宜。

③提高ATP-CP系统和乳酸能供能系统的机能水平

"最高速度完成单个动作或组合拳法的练习"，是在较短的时间内，进行大强度、大密度的练习，能较好地发展提高ATP-CP系统和乳酸能供能系统的机能水平。

④提高肌肉的放松能力

通过短距离的变速跑、变向跑、单脚跳、双脚跳、收腹跳、跨步跳等各种跑跳动作，重点发展踝关节和小腿三头肌的爆发力及弹性。

（4）轮换攻防对抗类专项速度训练

如棒球、垒球、板球等。这类项目对专项速度的要求主要表现为专项反应速度、专项动作速度、专项位移速度三种速度的有机整合。以棒球为例，训练方法如下：

①提高反应时的练习

采用信号刺激法，如投球手以不同的速度、不同的角度反复投向击球手，让其挥棒击球。

②提高动作速率的训练

在无球状态下，重复进行挥棒技术的练习。

③发展磷酸原系统供能的能力

利用重复训练法，在对以上练习进行多次重复的同时，也很好地发展了磷酸原系统供能的能力。

④提高肌肉的放松能力

尤其在挥棒前的等待期，过度的紧张会加速能量的消耗。挥棒的瞬间，拮抗肌的主动放松能提高挥棒的有效力量，从而提高专项动作速度。可以采用"负荷交替法"，即用较重的棒球棒进行挥棒练习，之后换正常棒球棒接着再进行若干次挥棒练习。

三、专项耐力

（一）专项耐力的概念

"耐力"的定义是人体在尽可能长的时间内进行肌肉活动的能力。耐力是人体抵抗疲劳并持续活动的能力。

专项耐力概念虽然已被提出很多年，但是直到现在，仍未对此概念的内涵和外延达成一个统一的共识，如在《体育科学词典》中，把专项耐力的概念定义为运动员长时间持续地或多次重复地完成专项运动的能力。

（二）专项耐力的训练机理

人体的运动能力不可避免地会受到自身形态结构、心理因素及环境条件的限制。要想在比赛中取得优异的运动成绩，运动员就必须在生理机能、技术水平和心理素质几方面获得最大的发展。在探讨训练机理之前，首先要明确影响专项耐力成绩的关键因素，在此基础上才能更好地探索合适而有效的训练方法。

影响耐力素质的因素有多种，这里主要讨论生物学、心理学和遗传学的影响因素，主要从外周限力因素、中枢限力因素、心理限力因素及遗传限力因素四方面对耐力成绩的影响因素进行研究。

1.外周限力因素

与中枢限力因素相对应，把心肺功能、内环境的稳定性、肌纤维的类型以及肌肉的横断面积统称为外周限力因素。根据物质转运理论，引入"转运系数"的概念来描述物质从一处运往另一处的能力。物质运输中某一环节的转运系数等于该环节中运输阻力的倒数。氧气的转运系数越大，则受到的阻力越小，氧气转运系数的大小主要取决于心肺功能的强弱；二氧化碳、乳酸及物质代谢的转运系数的大小决定了人体内环境稳态的维持，而内环境的稳定性是有机体正常运行的基础保障；同时人体体温的平衡也影响着内环境的稳定，机体总是通过调节产热率和散热率，使机体的产热量等于散热量，从而保持机体的平衡。耐力训练归根结底还是肌肉的运动，肌纤维的类型、肌纤维类型的百分比及肌肉的横断面积等都是影响耐力成绩的重要因素。由此可见，能量的供应、内环境的稳态、肌纤维类型及肌肉的横断面积都是影响耐力成绩的决定性因素。从项群的特点角度出发，外周限力因素对体能类项群的影响占有较大比重，如体能类项群中的中长跑项目，拥有强大的心肺功能和良好的内环境调节机制是获得优秀运动成绩的基本保障。

2.中枢限力因素

神经系统的专项性特征决定了运动单位的参与数量与类型，而神经发放冲动的强度和发放模式决定了肌肉力量大小、递增率和持续时间。各中枢间兴奋和抑制的协调，使肌肉活动节律化、能量消耗节省化及吸氧量和需要量相对平衡化，从而能长时间保持运动。神经过程的相对稳定及各中枢之间的协调性是提高有氧能力的重要前提。提高脑细胞对酸性环境的耐受力是耐力训练过程中一个很重要的部分，只有保证信息处理中心和命令下达中心的正常工作，人体的其他功能才能正常地运行，才能保证机体持续地运动下去。战能类项群和技能类项群中的运动项目需要大强度的神经发放冲动和高频率的兴奋与抑制的相互转换，中枢限力因素对此类项目影响较大一些，同时中枢机制的耐酸性对无氧运动项目同样非常重要，而一些射击类项目则需要神经的高度集中。

3.心理限力因素

影响成绩的除了身体的、技术的因素之外，心理限力因素也起到决定性的作用，然而，心理训练往往没有被放在重要的位置上，这是目前运动训练过程中的一大缺憾。在高水平运动员的角逐中，最后决定胜负的关键因素往往是心理因素，所以心理训练应引起教练的高度重视。在长期艰苦的耐力训练过程中，个体的心理特征是运动员通过自觉的努力获得最佳身体训练效果的主要决定因素。坚强的意志品质还会促使运动员在面对肉体痛苦和精神挫折时，竭尽全力地拼搏。

4. 遗传限力因素

从人类遗传学上看，耐力性项目的运动成绩与其他运动项目的成绩一样，是复杂的多因素的集合。研究发现，人的生理、心理及神经等的特性受遗传的影响较大，遗传因素在很大程度上决定着运动员的发展方向与发展潜能的大小，如白肌纤维含量多的运动员适合快速运动的项目，而红肌纤维多或血红蛋白含量高的运动员则适合耐力性运动项目。

基于以上分析，从专项耐力影响因素的角度去分析耐力训练的训练机理，得出专项耐力的训练机理主要由以下几部分构成：提高心肺功能及能源储备、提高机体的耐受力、提高神经—肌肉系统的协调整合的能力及其培养运动员坚强的意志品质和完备的心理素质。

（三）专项耐力训练

1. 体能主导类快速力量性项群

此类项目对专项耐力的要求主要表现为以最大强度重复完成完整比赛动作的能力，如田赛项目、举重等。

训练方法：重复训练法。这是以多次重复完成比赛动作或接近比赛要求的专项练习为主的训练方法。例如在举重项目中，可以规定某一运动负荷，然后让运动员在此负荷下以标准动作尽可能多地重复完成，直至力竭。跳高耐力训练中，要求运动员在某一高度持续、完整地完成跳跃练习。

2. 体能主导类速度性项群

此类项目对专项耐力的要求是运动员尽可能地在最短的时间内通过全程。例如，

100 米跑、200 米跑、50 米自由泳、100 米自由泳与 100 米栏等项目。

训练方法：①间歇训练法。根据项目的特点及时间的要求，安排在一定的时间内重复若干组，组间有间歇休息时间，放慢节奏和速度。②变速训练法。长短段落变速跑，分为多种训练方式，例如，快慢结合跑，200 米快跑 +200 米慢跑 +150 米快跑 +150 米慢跑 +100 米快跑 +100 米慢跑 +100 米冲刺跑，这样可以增强对比赛中速度和耐力结合的意识，体会如何在疲劳状态下进行高速运动。③追逐性训练。例如，让运动员排成一路纵队快跑前进，队尾最后一人急速追赶跑向队首，然后队尾的队员再连续地跑向队首。④上下坡往返跑，下坡时候快跑，上坡时候慢跑。

3. 体能主导类耐力性项群

此类项目对专项耐力的要求是用尽可能快的平均速度通过全程，如 800 米以上径赛项目、公路自行车、铁人三项项目。训练方法如下：

（1）持续训练法

这是一种负荷强度较低、负荷时间较长、练习过程并不中断的练习方法。持续训练法是为重点发展有氧代谢水平而提出的。该法强调一次负荷运动的持续时间较长，强度适中，心率负荷指标应在每分钟 130 ~ 160 次之间。例如在铁人三项运动中，为了发展运动员的有氧耐力，如果运动员要在 10.5 小时内完成铁人三项比赛，每周至少要进行 11 千米的游泳、320 千米的自行车和 65 千米的跑步训练来加强体能。

（2）高原训练法

此方法是在高原上进行耐力训练的一种训练手段。我国在云南海埂、青海多巴和宁夏西吉等多地建立了中度高原训练基地，并把高原训练作为大赛前的重要训练手段，取得了显著的训练效果。中度高原空气密度只有海拔平面的 77%，氧含量只有平原地区的 3/4 左右，氧分压大于平原地区 20% ~ 25%。当运动员在这样的环境下进行训练时，由于"调节适应期"产生应激，呼吸频率和心率加快，溶解在血管里的部分氧气受低气压的影响不易被身体吸收，使得血管体积增大、血管扩张、血管壁增厚、血管变粗、通过的血量增多，从而更好地锻炼了心血管系统，提高了最大摄氧量和血色素浓度，增强了耐受乳酸的能力。

4. 技能主导类表现难美性项群

此类项目对专项耐力的要求是以最佳技术重复完成完整比赛动作的能力，如体操、艺术体操、跳水、花样滑冰、花样游泳等项目。训练方法如下：

（1）完整练习重复法

完整练习重复法包括规定练习动作套数的重复法和规定练习时间的重复法。规定练习动作套数的方法是指让运动员尽量以比赛规格的动作质量完成某一数量的动作套数。而规定练习时间的重复法是指让运动员在规定的时间内尽量以比赛规格的动作质量进行专项动作的练习。例如在体操的训练中，可规定运动员一次性完成 5 ~ 15 遍整套动作练习或规定在一定的时间内持续地进行某一套专项动作的练习。

（2）分段练习重复法

分段练习重复法是指对整套动作中的某一技术环节进行多次重复练习，如体操训练中原地连续侧空翻、前空翻、连续趋步踺子、踺子小翻等。

（3）间歇训练法

间歇训练理论认为，训练时心率达 170 ~ 180 次 / 分钟、间歇后心率达 100 ~ 125 次 / 分钟时再进行训练最佳。此种训练方法主要发展的是磷酸原供能系统。

四、专项柔韧

（一）概念界定和分类

从物理学的角度来看，柔韧素质是指物体在受力变形后不易折断的性质。从解剖学的角度来分析，柔韧素质是指人体关节活动幅度的大小及跨过关节的韧带、肌腱、肉、皮肤及其他组织的弹性和伸展能力。它包括两方面的含义：一个是关节活动幅度的大小，另一个是跨过关节的肌肉、肌腱、韧带等软组织的伸展性。关节的活动幅度主要取决于关节本身的解剖结构，跨过关节的肌肉、肌腱、韧带等软组织的伸展性，则主要通过先天遗传和后天训练获得。因此，柔韧素质就是人体通过先天遗传和后天训练获得的关节活动幅度的大小，以及关节周围软组织的伸展能力。

柔韧素质可以分为一般性柔韧和专门性柔韧两种。一般性柔韧通常指运动员在进行一般训练时，为适应和保证一般训练顺利进行所需要的柔韧素质。例如，球类运动员在速度练习时加大步幅所需要的腿部柔韧性；田径运动员负杠铃进行深蹲练习时需要的大腿后群肌肉所表现出来的柔韧性，等等。专门性柔韧即是专项运动技术所特需的柔韧性。

（二）专项柔韧的训练机理

影响柔韧素质的因素有很多，包括人体解剖特征、神经活动过程特点、心理因素及身体状况等。大致有以下几方面：

1. 肌肉、韧带组织的弹性

肌肉、韧带组织的弹性是影响柔韧素质的最主要因素。遗传对它们有着一定的影响，但也取决于男女性别、年龄特征及中枢神经系统的兴奋性。在中枢神经系统的影响下，肌肉的弹性会产生显著的变化，如比赛中情绪高涨，柔韧性会有很大程度的提高。

2. 关节的骨结构

关节的骨结构是影响柔韧性诸因素中最不易改变的因素，基本上完全由遗传所决定。虽然训练可以使骨结构产生部分的变化，但也仅表现在关节内软骨形态的变化方面，而且这种变化只能局限在关节骨结构许可的范围内。

3. 关节周围组织的体积大小

关节周围组织体积的大小对关节活动起着限制作用。它既受先天遗传的影响，也受后天训练的影响。往往由于这些关节周围组织体积的增大而影响柔韧素质的发展，如有些肌肉体积增大就影响其周围关节的活动幅度。

4. 神经活动过程特点

神经活动表现为兴奋与抑制的转换。这一转换过程的灵活性与运动活动中肌肉的基本张力有着密切的关系，特别表现在中枢神经系统与对抗肌之间的协调，以及对肌肉紧张和放松的调节。由于神经活动过程分化抑制的发展程度对运动员随意放松能力起重要的作用，因此与柔韧素质有着密切的关系。神经系统能很好地改善对抗肌之间的对抗程度，这将使肌肉放松与紧张的调节能力得到提高，使柔韧性得到良好的表现。

5.心理紧张度

运动员表现出来的心理变化可以通过中枢神经系统、体液调节等影响到有机体各部位的工作状况。心理紧张度过强、过长会使神经过程由兴奋转为抑制，严重影响各部位的协调能力，从而影响柔韧性；反之，如心理紧张度适度，则有助于柔韧性的表现。

6.外部环境的温度和表现柔韧性的时间

18℃以上的外界温度是表现柔韧性最适宜的温度，18℃以下则对柔韧性的表现不利。在一天的不同时间内，运动员的柔韧性也不相同。虽然这与一天内外界温度的变化有关，但更重要的是一天内有机体的机能状态存在着一定的变化。例如，刚睡醒时柔韧性较差，早晨明显下降，中午比早晨好。

许多人以为早晨人的柔韧性最好，这其实是一种误解。利用早晨进行柔韧性练习主要是因为肌肉内的张力通过一夜睡眠已得到调节，多余的肌紧张已得到消除，肌肉处于松弛状态，韧带易于拉开。

7.主动柔韧性与肌肉的力量有关

有机体某部位的力量大，有助于增大这个部位的活动幅度，显而易见，这个部位的主动柔韧性必然就好。但是力量训练使这部位周围的肌肉组织、韧带等软组织体积增大，也将影响到关节的灵活程度。因此，在练习时可采用力量练习和柔韧性练习合理结合的方法，克服因力量训练带来的不良影响，从而使这两种素质的发展都达到很高的水平。

8.有机体疲劳的程度

在有机体疲劳的情况下，柔韧性会产生很大的变化，这时主动柔韧性指标下降，而被动柔韧性指标则会提高。

在运动活动的实践中，准备活动做得充分与否、训练时间的长短等非本质性因素对柔韧性也有相当明显的影响。

9. 年龄与性别

（1）年龄

从人的自然生长规律来看,初生的婴儿柔韧性最好。随着年龄的递增、骨的骨化、肌肉的增长,人的柔韧性逐渐加强。柔韧性的增长在 10 岁以前自然获得发展,10 岁以后随年龄的增长,柔韧性相对降低。特别是髋关节,由于腿的前后活动多,加之肌肉组织增大,使左右开胯幅度明显下降。因此,在 10 岁以前就应进行柔韧练习,使自然增长的柔韧性得到提高。

在 10 ~ 13 岁这个年龄段应充分发展柔韧练习,因为这个年龄段是性成熟前期,骨的弹性增强,肌肉韧带的弹性、伸展性仍有较大的可塑性,应进行充分的柔韧练习,使各关节幅度达到最大的解剖限度,充分提高肌肉韧带的伸展性,不仅能提高各关节的柔韧性,而且对身高增长也是有利的。

13 ~ 15 岁为生长期。在这个时期骨骼生长速度超过肌肉的生长,因此柔韧性有所下降。在这个时期要特别注意身体发育的匀称性,多做全身性的伸展练习,巩固已获得的柔韧效果。

在 16 ~ 20 岁这个年龄段,整个身体发育趋向成熟,可加大柔韧负荷、难度,从而在已获得的柔韧基础上,进一步获得专项所需要的柔韧素质。

（2）性别

根据生理解剖特点,男性的肌纤维长,横断面积大于女性,伸缩度较大,全部肌纤维的 3/4 强而有力;女性的肌纤维细长,横断面积小于男性,伸展性好,对关节活动限制小,全身仅有 1/2 的肌纤维强而有力。因此,女性关节的灵活性好于男性。

（三）专项柔韧训练

专项柔韧的训练,不同的项目有其不同的训练方法,但在同一运动项群中,柔韧素质的训练方法有值得借鉴的地方,下面按不同运动项群介绍其专项柔韧训练方法。

1. 技能主导类表现难美性项群

此类项目对专项柔韧的要求是,运动员以最佳的技术富有美感地完成完整的比赛动作并减少损伤的可能，如体操、花样滑冰、艺术体操、跳水、花样游泳等项目。以体操为例。发展运动员柔韧素质的方法有两种，即被动和主动，也称消极和积极。被动柔韧练习是指依靠外力的作用促使关节灵活性增大，这一方法可使柔韧指标迅速提高，但与实际应用有一定的距离，运动员承受的痛苦较大。主动柔韧练习是指通过某关节有关肌肉收缩来增加关节灵活性的方法。这一方法与专项动作的表现形式相一致，易于体现在体操动作之中，但想在原有的基础上进一步提高比较困难。由于这两种方法各有利弊，在体操训练中多结合使用。

（1）体操运动员柔韧素质训练方法

单人或双人的各关节伸展练习；采用各种方式、方法拉长肌肉、韧带、肌腱等结缔组织，如甩腰、吊腰、劈叉、压腿、踢腿等多种训练方法；专项动作模仿练习，如大幅度振摆、后软翻、吊环后转肩等。

（2）体操运动员柔韧素质训练负荷

①练习强度：开始以中等强度为宜，最后可达 80% 以上。

②练习时间：每次可控制在 10 ～ 20 秒，时间不宜太长。

③间歇：完全恢复，可做积极性放松活动。

④重复次数：5 ～ 10 次。

⑤练习次数：3 ～ 5 组为宜。

2. 技能主导类隔网对抗性项群

此类项目对专项柔韧的要求是，能在整个比赛过程中完整地完成每个技术动作，增加动作的幅度，避免受伤。如羽毛球、乒乓球、网球等以个人为主的运动项目。

以乒乓球为例。乒乓球运动的柔韧素质主要表现为动力柔韧性，即肌肉、肌腱、韧带根据动力性技术的需要，拉伸到解剖学允许的最大限度能力，随即利用强有力的弹性回缩力来完成所要完成的动作。所有爆发力拉伸都属于动力柔韧。静力柔韧性是肌肉、肌腱、韧带根据静力性技术动作的需要，拉伸到动作所需要的位置角度，控制其停留一定时间所表现出来的能力。

柔韧素质的训练方法有两种，即主动或被动形式的静力拉伸法和主动或被动形式的动力拉伸法。这两种训练方法的特点都是在拉伸作用下，有节奏地逐渐加大动作幅度或多次重复同一动作，使软组织逐渐地或持续地受到被拉长的刺激。

（1）主动或被动的静力拉伸

主动或被动的静力拉伸是指缓慢地将肌肉、肌腱、韧带拉伸到酸、胀、痛的感觉位置，并略微超过，然后停留一定时间的练习方法。这种方法可以减少或消除超过关节伸展能力的危险，防止拉伤。由于拉伸缓慢不会激发牵张反射，一般要求在酸、胀、痛的位置停留 8 ~ 10 秒，重复 3 ~ 5 次。

（2）主动或被动的动力性拉伸

主动的动力性拉伸方法是靠自己的力量拉伸；被动的动力性拉伸方法是靠同伴的帮助或负重借助外力的拉伸，但外力应与运动员被拉伸的可能伸展能力相适应。

采用有节奏的、速度较快的、幅度逐渐加大的、多次重复一个动作的拉伸方法时，用力不宜过猛，幅度一定要由小到大，先做几次小幅度的预备拉长，然后再加大幅度，以免拉伤。

3. 体能主导类快速力量性项群

此类项目对专项柔韧的要求主要是，增加肌肉的弹性，加大关节活动幅度，保证在完成技术时进行大幅度的动作，有利于提高节奏控制能力、动作的高度协调性，以及防止受伤，起保护作用。如投掷、跳跃类运动。

以投掷类为例。投掷类项目的柔韧性训练基本上采用拉伸法，分为拉伸法和静力拉伸法。在这两种方法中都有主动、被动拉伸两种不同的训练方式。身体的各个环节肌肉、关节的主动和被动的大幅度伸展和牵引练习通常安排在准备活动和主要练习之间。具体训练内容视运动员个体情况而定。一般采用肩关节柔韧练习、徒手和带重物做两肩向前或向后的绕环练习、徒手压肩等。

腰部和髋部练习采用站立前屈、俯卧背伸、转体、甩腰及绕环、交叉步跑、正面大步转髋、负重弓箭步走等。不仅要加强柔韧性，还要注意发展各个环节的伸展性和肌肉的弹性，根据专项特点，优先发展肩部和躯干部位的柔韧性。柔韧性练习必须经常进行。

4. 体能主导类耐力性项群

此类项目对专项柔韧的要求主要是可以增加关键关节的柔韧性和灵活性，有利于提高专项要求的运动步幅和技术，配合耐力提高竞技能力。如竞走、中长跑、长跑等运动项目。现以竞走运动员的柔韧性训练为例。

竞走运动员的柔韧素质直接影响竞走运动员的步幅和技术，尤其髋关节的柔韧性和灵活性。采用身体各个环节肌肉、关节的主动和被动的大幅度伸展和牵引练习，通常安排在准备活动和主要练习之间。根据竞走运动员的特点，在练习时提高运动员的肩、髋、膝、踝等关节的柔韧性和灵活性，适当增加身体围绕垂直周转动的幅度，提高肌肉紧张和放松能力，以改善动作的协调均衡性及协调能力。

5. 体能主导类速度性项群

此类项目更有利于运动技术的掌握和肌力的发挥，如游泳、短距离跑等项目。以游泳为例，其练习方法如下：

（1）动力牵拉

动力牵拉是指有节奏地、速度较快地、幅度逐渐加大地多次重复一个动作的拉伸方法。在运用该方法时，用力不宜过猛，幅度要由大到小，从而避免拉伤。每个练习重复 5 ~ 10 次。

（2）静力牵拉

静力牵拉与动力牵拉正好相反，是轻柔、缓慢地将关节移到最大活动范围内，将肌肉、肌腱、韧带拉伸到一定的酸、胀、痛的感觉位置并略有超过，然后停留一定时间的练习方法。这种方法可以减少或消除超过关节伸展能力的危险性，防止拉伤。由于拉伸缓慢，不会激发牵张反射，一般要求在酸、胀、痛的位置停留 5 ~ 60 秒，重复 6 ~ 8 次。

（3）被动牵拉

被动牵拉是静力牵拉的一种，由他人施加一个压力，即在同伴的帮助下或负重借外力的拉伸使活动幅度增大，但外力应与运动员被拉伸的程度相适应。

（4）慢速动力拉伸

慢速动力拉伸是用比较慢的速度进行动力拉伸，可与静力牵拉结合进行，当关节移到最大幅度时静止 5 秒或更长的时间。

（5）收缩—放松法

收缩—放松法是根据神经肌肉的本体感受特征发展起来的。其根据是当肌肉先收缩时，可以更充分地放松，使活动幅度增大。

　　牵拉的程度比牵拉的方式更为重要，但有两种方式潜在的危险性比较大，应尽量避免。动力牵拉是最危险的，因为正在快速运动的肢体很难被控制，因此容易造成过度拉长。被动牵拉也比较危险，一个强壮而热心的同伴很可能将被牵拉者的肌肉和肌腱拉伤。不过，被动牵拉比较适合踝关节的牵拉练习，因为这个关节不容易被过度牵拉，而且被动牵拉的效果很好。

　　每次训练前后应安排 10 ~ 20 分钟的牵拉练习，这样有利于运动员在游泳专项训练时增大动作幅度，同时改进技术。建议静力牵拉和收缩—放松牵拉持续 6 ~ 60 秒，因为训练效果可能达到活动范围的极限在开始数秒时就已经产生，过长的牵拉可能是浪费时间。每次练习可进行 3 ~ 6 组，每组 10 ~ 15 次。进行任何素质训练的同时，都随着调节器、结构代谢方面的改变。然而，适应改变的过程取决于负重力量、肌肉收缩的方式、速度及练习的持续时间、肌肉组织的个体结构。

第五章 球类运动项目的科学化训练

第一节 球类运动基本知识

一、什么是球类运动

球类运动是体育运动的一类，是篮球、排球、足球、乒乓球、羽毛球、网球等运动项目的总称。球类运动是一项综合性体育运动，要求参加者不仅要具有良好的跑、跳、投等基本运动能力，而且要熟练掌握并运用各项球类的专门技术和战术。

二、球类运动的特点

对球类运动而言，通常会在以下几方面表现出它的特点：

（一）球类运动的趣味性特点

所谓的球类运动，顾名思义，其练习活动的开展需要对"球"使用这一器材，这也使球类运动的趣味性与吸引力得到了增强。

（二）球类运动的观赏性特点

在球类运动的高水平比赛中，存在着激烈的、紧张的、异彩纷呈的、高潮迭起的氛围。人们关注的焦点不仅是球队的整体战略技术，还包括球类运动员高水平的技能与技巧，毋庸置疑，球类运动比赛的观赏性能够给人们带来艺术的享受与体验。

（三）球类运动的锻炼性特点

众所周知，生命的主要意义在于运动的开展。如果在球类运动参与的过程中，能够对科学的锻炼方法进行使用，不仅能够作为有效的途径，实现练习者身体素质的增强，还能够作为有效的方法，使练习者的身体健康得到促进。

（四）球类运动的广泛性特点

由于球类运动自身具有显著的特点，一直以来都受到人们的广泛追捧。伴随体育运动的不断发展，人们对体育健身的思想观念逐渐加深了认识，同时，很多种类别的球类运动项目已经成为全球化的体育运动项目，如足球运动项目，其被人们称为世界第一运动。由于球类运动不限制参与者的年龄，无论少年还是老人都能够参与，所以，球类运动在人们生活中扮演着越来越重要的角色。

第二节　球类运动中各个项目的科学化训练

一、足球运动基本技术

（一）传球

1.脚内侧踢球技术

足球运动项目的练习者在传球开始之前，应该进行直线型助跑，在最后一步的时候，跨步要大。当支撑脚跨步向前进行支撑的时候，练习者的脚掌应该同地面之间保持一定的距离，同时保证落地支撑的积极、快速。当练习者的支撑脚落地的时候，先落地的应该是脚后跟，通过滚动式向前到全脚掌支撑过渡。此外，练习者需要注意的是，应该适当弯曲支撑腿的膝关节，以保持身体重心的稳定。

2.脚背内侧踢球技术

斜线助跑，助跑方向与出球方向约成 45° 角。助跑最后一步要大一些，一般以保持在本人跨一大步的距离为佳。支撑脚落地时脚跟及脚掌的外侧沿先着地，然后过渡到全脚掌。支撑脚脚尖指向出球方向，膝关节微屈支撑身体重心，上体略向支撑脚一侧倾斜并稍侧转体（支撑脚一侧的肩部稍向前，踢球脚一侧肩稍向后）。支撑脚与球的位置以支撑脚脚尖与球的前沿保持平齐为佳，左右距离以支撑脚的内侧沿与球的外侧沿保持 15 ~ 20cm 为佳（不同骨盆宽度的人可以适当调整支撑脚与球的左右距离，但一般不超过 25cm）。在支撑脚着地的同时，踢球腿以髋关节为轴，大腿带动小腿由后向前摆动（大小腿折叠要紧），当踢球腿膝关节摆至球的内侧垂直上方时，小腿做爆发式前摆（大小腿突然打开），脚尖稍向外侧转，脚尖指向斜下方，脚背绷紧固定，以脚背内侧部位踢球的正中后部（踢高球时，可踢球的中下部）。踢球后，身体重心随踢球腿的前摆向前移动。

3. 脚背正面踢球技术

直线助跑，最后一步要大一些，成跨步，支撑脚要积极跨步落地，以脚后跟先着地形成滚动式着地支撑。支撑脚的位置是左右距离为支撑脚的内侧沿与球的外侧沿距离在 10 ~ 15cm 之间，一般不应超过 20cm。前后距离以支撑脚的脚尖与球的前沿保持平齐为佳，过前或过后都会影响踢球的效果。在支撑脚落地支撑的同时，踢球腿大腿带动小腿（大小腿折叠要紧）由后向前摆，当膝关节摆到球的垂直上方的瞬间，大腿制动减速而小腿爆发式突然加速前摆，以脚背正面部位触踢球的正中后部位。踢球后自然向前跟出，保持身体重心的平稳。

4. 脚背外侧踢球技术

踢平直球时，助跑、支撑位置与姿势、踢球腿的摆动基本与脚背正面踢球动作相同，只是用脚背外侧触踢球。在踢球腿的膝关节摆到球的垂直上方的瞬间，小腿做爆发式前摆，小腿前摆时，脚尖向内转并向下指（踝关节内收并旋内），脚背绷紧，脚趾扣紧，以脚背外侧部位触击球的正中后部。踢球后身体随球向前自然移动，保持身体平衡。

（二）接球

本书中关于足球运动接球技术的说明，主要以脚背正面接空中球技术为例。

支撑腿屈膝稳定支撑身体重心，支撑位置一般在球的侧后方适当位置。接球腿屈膝抬脚，踝关节保持适当紧张，以脚背正面正对来球，在球下落触到脚背的瞬间接球，脚向下回撤将球在下撤过程中接在自己控制范围之内和下一个动作需要的位置上，并快速完成下一个连接动作。

另一种方法是接球脚基本不向上抬起，而是脚背向上勾起，踝关节保持中度紧张，在接近地面高度 5 ～ 10cm 处触球，通过球下落的冲击力将勾起的接球脚背砸下去，从而缓冲球的力量，将球接控在自己下一个动作需要的范围之内，并快速完成下一个连接动作。

（三）运球

1. 脚内侧运球技术

在足球运动的运球技术中，最慢的一种就是脚内侧运球。所谓的脚内侧运球，主要是指在练习者身体对球进行掩护的一些死角区域或者边线附近需要使用的运球方法。为了不使对方队员不抢走球，练习者应该通过侧身转体的姿势将对方的防守队员挤靠住。一般来讲，"之"字形的路线是通过脚内侧来完成的。

在脚内侧运球的过程中，稍微向前跨出支撑脚，在球的前侧方踏住，弯曲膝关节，前倾上体，做出侧身运球的状态，即向运球脚的一侧转体，提起运球脚，在对球的后中部进行推拨的时候使用脚内侧部位。

2. 脚背内侧运球技术

练习者在跑动的过程中，需要自然放松自己的身体，做出小些的步幅，前倾上体，同时微微朝着运球的方向转动。练习者提起运球脚的时候，要稍微弯曲膝关节，提起脚跟，稍微向外转脚尖，在迈步向前的时候通过脚背内侧向前推拨球。在改变方向的时候，常常会使用脚背内侧运球技术进行使用。通常来讲，运球的过程中经常会走出"之"字形路线。

3. 脚背正面运球技术

练习者在跑动的过程中，需要自然放松自己的身体，做出小些的步幅，前倾上体。当练习者提起运球脚的时候，要弯曲膝关节，提起脚后跟，稍微向下指脚尖，同时，在迈步向前的时候通过脚背正面部位对球的后中部向前推拨。脚背正面运球技术的适用情况：在快速跑动的过程中，由于前方存在较大纵深距离而必须进行突破或者快速运球的时候。

二、篮球运动基本技术

（一）移动

1. 起动

篮球运动中的起动，主要是指在球场中练习者的一种动作，即从静止状态向运动状态转变，同时，起动也能够作为一种方法，促进位移初速度的获得。

在篮球运动项目开展过程中，起动的动作要领在于在动作开始前降低重心，前倾上体，双手手臂的肘部弯曲，在体侧自然垂直，后脚或者异侧脚的前脚掌的蹬地动作要用力，伴随手臂快速摆动的动作进行起动。

起动中比较容易出现的错误：没有及时地移动重心，后脚的前脚掌或者是异侧脚没有做出充分的蹬地动作，存在较大的步幅。

对阵篮球运动中起动的常见错误的有效纠正方法是，蹬地时快速用力，向前倾上体，突然地摆动手臂起动，最开始的两步或者散步应该快速且步幅小。

2. 跑

在篮球运动项目开展的过程中，跑作为一种脚步动作，目的在于争取时间促进攻守任务的完成。一般来讲，在篮球比赛活动中，主要有以下几种常见形式的跑：

（1）变向跑

如果方向的改变是由右边向左边，最后一步应该通过右脚的前脚掌内侧做用力蹬地的动作，同时要稍微内扣脚尖，屈膝迅速，之后左转腰部，向左前方前倾上体；对重心进行移动，向左前方跨出左脚，之后再快速地前进。

（2）变速跑

在篮球运动项目中，一种练习者跑动时通过改变速度来促进攻守任务完成的方法就是变速跑。练习者从慢跑向快跑转变的时候，前倾上体，短促有力地用前脚掌向后蹬地，同时摆动手臂要迅速，在开始的两步或者三步的时候，步幅要小，加快跑的频率。当练习者从快速跑向慢速跑转变的时候，需要抬起上体，加大步幅，通过前脚掌同地面接触，使冲力得到减缓，进而降低练习者跑步的速度得到降低。

（3）后退跑

在篮球运动项目中，当练习者做后退跑动作的时候，需要交替地使用双脚的前脚掌蹬地且跑动向后，同时要挺直、放松上体，双手手臂的肘部弯曲同摆动相配合，使身体保持平衡，两只眼睛半视，观察场上的情况。

（4）侧身跑

在篮球运动项目中，侧身跑的关键目的在于，当练习者跑向侧方的时候，朝着跑动的方向将脚尖对准，同时将头部与上体向着球所在的方向转动，以便对场上的情况进行观察。

3.滑步

在篮球运动项目的防守移动中使用频率比较高的一种步法就是滑步。滑步对练习者身体平衡的保持是非常有利的，能够移向任何一个方向。滑步一般可以分成三种类别，即前滑步、后滑步、侧滑步，其中侧滑步也就是横滑步。

4.急停

急停是队员在运动中突然停止的一种脚步动作，分跳步急停和跨步急停两种。

（1）跳步急停

在篮球运动项目的慢速移动与中速移动中，练习者的起跳可能会使用单脚，也可能会使用双脚，同时会稍微向后仰上体，两只脚要同时落向地面，同时，在双脚落地的时候保持两腿膝盖的弯曲状态，且双手手臂肘部弯曲向外张开，使身体保持平衡。

（2）跨步急停

在篮球运动项目中，如果快速移动的时候练习者需要急停，那么就需要跨一大步向前，后仰上体，后移重心，一定要用脚跟先着地，然后向全脚掌抵住地面过渡，快速地弯曲膝盖。之后就可以进行第二步了，当双脚落地以后，稍微向内转脚尖，通过脚前脚掌内侧做出蹬地动作，弯曲双腿的膝盖，使上体向侧稍微转动，同时向前微倾，在双脚之间保持重心，双手手臂的肘部弯曲自然打开，使身体保持平衡。

5.转身

转身作为一种篮球运动项目中的脚步动作，是以练习者的一只脚作为中轴，同时用力地用另外一只脚蹬地，旋转身体，进而使练习者的身体方向得到改变。在转身动作完成的过程中，身体重心向中枢脚转移，将脚提起，将前脚作为中轴，用力向下碾地的同时，移动脚步使劲儿蹬地，随着移动脚的转动，上体也要转动。需要注意的是，身体重心不能上下起伏，其转动需要沿着一个水平面。当练习者的转身动作完成以后，使自身身体保持平衡，以促进同下一个动作的衔接。

通常来讲，我们会将转身分成两种，即前转身与后转身。所谓的前转身，主要指的是移动脚跨步转向中枢脚前方，进而使练习者的身体方向得到改变；所谓的后转身，主要指的是移动脚撤步转向中枢脚，进而使身体方向得到改变。

（二）传、接球

在篮球运动项目中，比较重要的基本进攻技术之一就是传、接球技术。通常经过多次及时、准确地传、接球才能够实现一次成功的进攻，进而创造攻击的时机。

1.双手胸前传球

双手胸前传球是比赛中最基本、最常用的传球方法，用这种方法传出的球快速有力，可在不同方向、不同距离中使用，而且便于和投篮、突破等动作结合运用。双手持球的方法是两手手指自然分开，拇指相对呈"八"字形，用指根以上部位持球，手心空出。

2.单手肩上传球

单手肩上传球是单手传球中一种最基本的方法。这种传球的力量大、速度快，常用于中、远距离传球。

（三）投篮

投篮是进攻队员为将球投向球篮而采用的各种专门动作的总称，具体分为以下几种：

1. 原地单手肩上投篮

它是现代篮球比赛中应用比较广泛的一种投篮方法。

2. 行进间单手肩上投篮

它是在比赛中切到篮下的一种投篮方法。

3. 行进间单手低手投篮

它是在快速跑动中超越或在空中探身超越对手后的一种投篮方法。

4. 急停跳起单手肩上投篮

它是具有突然性的一种投篮方法。球的出手点高，不易被防守。

动作要领：以右手投篮为例。快速向篮下运动，突然利用跳步或跨步急停起跳，同时两手持球上举；当身体达到或接近最高点时，右臂向前上方伸直，手腕前屈，食、中指拨球，通过指端将球投出。

（四）运球

运球是进攻技术中重要的基本技术，是组织全队进攻配合和突破防守的手段。

（五）防守技术

防守对手是防守队员合理地运用脚步移动和手臂动作积极地抢占有利位置，阻挠和破坏对手的进攻动作，并以争夺控球权为目的的行动。要达到上述目的，防守时必须积极主动、认真负责，综合地练习脚步移动、位置站法、手臂动作、防守姿势，以及抢、打断球技术等多项内容，同时要对其有效地使用，以更好地完成防守任务。

（六）抢篮板球

在篮球运动项目中，双方攻守时的争夺焦点就是篮板球，同时，它也直接决定了攻守的转换，可以说球权获得的主要途径就是对篮板球的抢夺。在所有的篮球比赛中，投篮命中率与抢夺篮板球次数相比，后者比前者更容易影响到比赛的输赢，因此，在现代篮球运动中，争夺主动、获得控制球权的主要根据就是对篮板球的争夺，同时展示了个人的实力与全队的实力。如果能够将进攻篮板球抢夺到，那么就获得了明显优势,能够增加进攻次数和篮下得分,并增加队员的信心;抢防守篮板球,不仅能控制球权,创造更多的快攻反击机会,而且会对进攻队员的投篮产生巨大的心理压力。教练员一般都很重视抢篮板球能力的训练和提高。

三、排球运动基本技术

(一)准备姿势和移动

排球运动项目中一项最基本的技术就是准备姿势和移动,这两项内容都是无球技术的展示,能够作为重要的基础与前提,促进各项有球技术的完成,如传球技术、发球技术、点球技术、扣球技术与拦网技术等,同时能够作为纽带,串联起各种有球技术运动。在排球运动项目中,准备姿势同移动之间的关系是相辅相成的,准备姿势是移动的基础,可以说,想要实现快速移动,就必须将准备姿势先做好。

1.半蹲准备姿势

在排球运动项目中,最基本的,也是比较常见的准备姿势就是半蹲准备姿势。要求练习者两腿的膝盖微微弯曲,双脚抵地。

2.移动

在排球运动项目中,移动的意义在于将球及时接好,同时将人和球之间的位置关系保持好,为击球动作做好准备。比较常见的有以下几种步法:

(1)交叉步

在排球运动项目中,交叉步移动的基础和条件是来球同练习者的体侧有3米左右的距离。交叉步移动具有步幅大、动作快的显著特点。

如果对向右侧交叉步进行使用的时候,需要稍微向右倾上体,在右脚前面,左脚交叉迈出一步,之后右脚跨出一大步向右边,同时使身体向来球方向转动,保持击球之前的姿势。

(2)并步与滑步

在排球运动项目中,如果练习者身体同球之间的距离是一步左右的话,那么就可以使用并步移动。在移动的过程中,如移动向前,则前脚跨出一步向来球方向,后脚蹬地跟上。如果来球同练习者之间的距离较远的时候，仅仅使用并步是不能向球接近的，这时可以使用快速的连续并步。连续并步也称为滑步。

移动包含的步法不只有交叉步、并步、滑步，还有跨步、跑步、跨跳步，等等。

（二）发球

在排球运动项目中，所谓的发球主要是指在发球区域，练习者将自己抛起来的球用一只手向对方场区直接击入的动作。发球作为排球运动项目的一种基本技术，也是一种重要的进攻性技术，被广泛地使用在排球比赛中。伴随排球运动的不断发展，也促进了其发球技术的持续创新与提高。

1. 正面下手发球

动作要领：面对球网两脚前后开立，左脚在前，两膝微屈，上体稍前倾，重心偏于右脚，左手持球于腹前。发球时将球抛起在体前右侧，离手约 20cm。抛球前，右臂伸直，以肩为轴向后摆动。击球时，右脚蹬地，身体重心随着右手向前摆动击球移至前脚上，在腹前以手掌击球的后下方。手触球时，手指手腕紧张，手呈勺形。击球后，迅速进入场地。

2. 侧面下手发球

动作要领：左肩朝向球网，两脚左右开立，与肩同宽。两膝微屈，上体前倾，重心落在两脚之间，左手持球于腹前。发球时，左手把球平稳抛送于胸前，距身体约一臂远，离手约 30cm。抛球同时，右臂摆至右侧后下方，接着利用右脚蹬地向左转体的力量带动右臂向前上方摆动，在腹前用全掌击球的右下方。

3. 正面上手发飘球

动作要领：击球前的动作与正面上手发球相同，只是抛球稍低，不旋转。挥臂时由后向前做直线加速挥摆，用掌根或半握拳击球的后下部，用力要突然、短促，使作用力通过球体中心，球在飞行中不旋转而产生飘晃。击球后手臂突停、下拖、突停回收或平砍等动作，可以发出不同性能的飘球。

（三）传球

传球是排球技术之一，是利用手指手腕的弹击动作将球传至一定目标的击球动作。传球是排球运动中的重要技术，是组织进攻战术的基础。

1. 正面传球

动作要领：传球时拇指、食指和中指承担球的压力，其余手指触球两侧协助控制球。球触手的瞬间，手指和手腕应保持一定的紧张程度，利用其弹力和伸臂与脚蹬地的协调力量传球。

2. 侧向传球

动作要领：身体不转动，主要靠双臂向侧方伸展的传球动作叫侧传。侧传有一定的隐蔽性。准备姿势和迎球动作与正面传球相同，击球点保持在脸前或稍偏于出球方向一侧。一侧手臂要低一些，另一侧手臂要高一些。用力时，蹬地后上体要向出球方向倾斜。双臂向传出一侧用力伸展，异侧手臂动作幅度较大、伸展较快。

3. 跳传

动作要领：跳起在空中传球叫跳传。跳传在当前的排球比赛中已被大量运用，有的优秀运动员甚至把跳传作为主要的传球方式，这是因为跳传的击球点较高，能有效地缩短传扣的时间间隔，保证快速进攻战术的实施。同时跳传还能够与两次球进攻战术联系在一起，因此具有较大的迷惑性。

无论是原地起跳还是助跑起跳，跳传的起跳动作最好都要向上垂直起跳，保持好身体的平衡。当身体上升到最高点时，靠迅速伸臂及加大指腕力量将球传出。跳传可以正传、背传和侧传，其传球手形、击球点与正传、背传、侧传的手形和击球点基本相同。

（四）垫球

垫球是排球基本技术之一，指的是通过手臂或身体其他部位的迎击动作使来球从垫击面上反弹出去的击球动作。

（五）扣球

扣球指队员跳起在空中，用一只手或手臂将本方场区上空高于球网上沿的球击入对方场区的一种击球方法。扣球是排球比赛中最积极最有效的进攻手段，是得分和得发球权的主要方法。扣球的成败是完成全队战术配合、决定胜负的关键。

1. 正面扣球

在排球运动中，最基本的扣球技术是正面扣球，只有掌握正面扣球的基础动作，才能学习和掌握其他难度大的扣球技术。

2. 勾手扣球

勾手扣球是在起跳后，左肩对网，通过转体动作，带动右臂向左上方挥动击球的一种方法。这种扣球适用于远网扣球或由后排调整过来的球。它可以扩大击球范围，并能弥补起跳过早或冲在球前起跳的缺陷。

3. 单脚起跳扣球

单脚起跳扣球是指助跑的最后一步以单脚踏地，另一只脚直接向前上方摆动帮助起跳的一种扣球方法。在现代排球中，各种冲跳扣球的大量采用，使单脚起跳扣球有了新的发展前景。

（六）拦网

拦网是指在球网附近的队员，将手伸至高于球网上沿，阻挡对方击过来的球并触及球，是排球的基本技术之一。

1. 单人拦网

（1）准备姿势

面对球网，两脚左右开立，约与肩同宽，距球网30～40cm。两膝稍屈，屈肘置于胸前。

（2）移动

为了及时对准扣球点，一般情况下采用与网平行的移动，常用的移动步法有并步、滑步、交叉步、跑步。

（3）起跳

原地起跳时重心降低，两膝弯曲用力，同时两臂在体侧屈肘做弧线摆动，使身体垂直起跳。起跳的时机应根据对方的扣球变化而有所不同，一般应比扣球队员起跳晚半拍，但拦快球时应与扣球者同时起跳。

（4）空中击球

拦网时，两臂贴耳垂直，两肩上提，两手距离不能超过球的半径，并要尽量接近球的上空。拦网时手指自然张开，手腕略后仰，手指微屈，分开呈勺形，以便包住球。当手触球时，两肩上送，两手要突然紧张，手腕用力下压，盖住球的前上方，将球拦在对方场内。

（5）落地

拦网后要正面对网屈膝，缓冲落地。若未拦到或拦起球在本方时，则应在身体下落时向落球方向转体，便于后撤接应或反攻。

2. 集体拦网

集体拦网分为双人拦网和三人拦网。集体拦网技术动作除要求具备个人拦网的技术要求外，还应注意互相配合。

（1）集体拦网要明确以谁为主，密切协调配合。

（2）起跳时应避免互相冲撞或干扰。

（3）起跳后，手臂在空中既不要互相重叠，也不要间隔太大，以免拦击面小而漏球。

（4）身材高矮不同的队员要加强配合。

（5）身材高、弹跳力强或拦网好的队员，应排到拦网重要的3号区域，或对准对方的主攻者。

3. 学练方法：主要以徒手动作为主

（1）徒手原地模仿拦网动作，体会拦网的伸臂和拦击球动作。

（2）网前做原地起跳徒手拦网动作。

（3）网前两人一组，隔网相对，做并步、交叉步等徒手移动拦网。要求移动迅速，两人密切配合。

（4）两人一组，徒手移动配合拦网。

（5）网前三人站在本方高台上，分别持球在本区上空网上沿，多人在对方网前轮流移动拦网。要求起跳后在空中压腕"盖帽"并触球。

四、乒乓球运动基本技术

（一）握拍法

直握球拍法是常见的握拍方法。直握球拍法常见的有快攻型握拍法、弧圈型握拍法和削攻型握拍法。

1. 直拍快攻型握拍法

直拍快攻型握拍出手较快，正手攻球快速有力，攻斜、直线时拍面变化不大，对手不易判断。反手攻球因受身体阻碍，较难掌握，防守时照顾面积较小。其打法因反手大都采用推挡，进攻较弱，反手比较被动，并容易出现漏洞。

2. 直拍弧圈型握拍法

直拍弧圈型握拍法可分为四种：

（1）中式直拍弧圈握拍法。

（2）单面攻类型握拍法。

（3）日式直握拍法。

（4）直板横打型握拍法。

3. 削攻型握拍法

此种握拍方法是拇指自然弯曲，紧贴拍柄左侧，第一指关节用力下压，其余四指自然分开托住球拍背面。

（二）基本站位

1. 进攻型打法的基本站位

距离球台端线 50cm 左右。擅长近台进攻的选手，站位可稍近些（如左推右攻打法者站位距球台端线约 40cm）；擅长中近台进攻的选手，站位可稍后些（如直拍弧圈打法的站位距球台端线 60cm，横拍两面拉打法的站位距端线约 65cm）；擅长正手侧身抢攻的选手，可站在球台偏左侧（如直拍、横拍以侧身抢拉为主的选手，左脚站在位于球台左边线延长线外约 25cm 处）；擅长打相持球或反手实力较强的选手，可站于球台中间略偏反手的位置。

2. 削攻型打法的基本站位

距球台端线 100 ~ 150cm，多在球台中间略偏反手的位置。进攻能力强的，站位可稍近些；以防守为主的选手，站位可稍远些。

（三）步法移动

常用的步法有单步、跨步、并步、交叉步、侧身步。

（1）单步：以一脚为轴，另一脚向前、后或左、右移动一步，随之身体重心落在移动脚上。此步法常在来球距身体近时使用。

（2）跨步：来球方向的脚先向来球方向跨出一大步，另一脚向同一方向跟着移动一步。此步法常在来球距身体远时使用。

（3）并步：以一脚向来球方向跨一步，另一脚随即跟上来。此步法常在来球距身体稍远时使用。

（4）交叉步：先以来球反方向的脚向来球方向跨出一大步，体前交叉，然后另一脚跟着向来球方向迈出一大步。此步法常在来球距身体很远时使用。

（5）侧身步：侧身步分为两种，一种是对方来球追身，以左脚为轴，右脚向左后移动一步；另一种是对方来球追身偏左方，应以左脚向左迈出一步，然后右脚向左后移动一步。此步法常在来球逼近身体时使用。

（四）发球与接发球技术

接发球是乒乓球技术中一个重要的组成部分，比赛中如果接发球不好，不仅会给对方较多的进攻机会，更重要的是常引起自己心理上的紧张和畏惧，造成一连串的失误；反之，如果接发球接得好，不仅有时可以直接得分，还可以破坏对方的抢攻，从而为自己的进攻创造有利的条件。常用的接发球技术有挡、推挡、搓球、削球、抢攻、抢拉等。

1. 正手发左侧上、下旋球

动作要领：正手发左侧上旋球时，手臂自右上方向左下方挥拍，球拍从球的右侧中下部向左侧面摩擦，手腕迅速上勾。正手发左侧下旋球时，球拍由球的右侧中下部向左下方摩擦。

2. 正手发下旋球与不转球

动作要领：发下旋球时，持拍手向前下方挥摆，击球前拍面稍平，击球时手腕发力摩擦球的底部。发不转球时，持拍手向前下方挥摆，击球前拍面稍竖直些，击球时不是摩擦球体而是推打球的中下部。

3. 反手发右侧上、下旋球

动作要领：持球手将球抛起时，持拍手快速向左上后方引拍，以球拍引至左肘下方外侧为宜，手腕适当内屈，拍面向左上方，待球从高点下降时，即向前击球。向前击球分两部分动作完成。从左后上方向右前下方挥摆为第一部分；从右前下方向右前上方挥摆为第二部分。这样，当发右侧下旋球时，用第一部分动作最后阶段击球，拍面从球的中下部向右侧下摩擦，触球后仍做第二部分动作，也称假动作。当发右侧上旋球时，第一部分动作为假动作，不击球，用第二部分动作击球。触球时球拍从球的中下部向右上方摩擦。

4. 反手发急上旋球

动作要领：发球时，持球手将球向上抛起的同时，持拍手迅速向左后方引拍，拍形稍前倾，腰稍向左转，待球从高点下降到低于球网时，用前臂和手腕发力，击球的中上部，同时，腰从左侧向右侧转动。

5. 接左侧上旋球

动作要领：接左侧上旋球时，球触拍后向自己的右侧上方弹出，因此，采用推挡回接的方式时拍面稍前倾并略向左偏斜，击球中上部偏右侧的部位，用力向前推挡，以抵消来球的左侧上旋力。如对方的球发到正手，也可采用攻球技术进行回击，拍形适当下压。

6. 接下旋球

动作要领：接近网下旋球时可采用搓、挑技术；接旋转强度较强的下旋球时，主要采用搓球技术；击来球下降期时，引拍比接一般下旋球稍高些，延长球在拍面上的摩擦时间。如果攻球回接，应注意调节拍形前倾角度，适当向上用力提拉。

以上只是简单地介绍了几种接发球的方法，若想进一步提高接发球的成功率和质量，还应在长期的训练中认真研究，根据自身的特点灵活地组合运用。

应当注意的是，无论采用哪种方法去接旋转发球，都应该有一定的击球速度作为保证，用速度来克制旋转常常是比较有效的。在比赛中，如果不敢大胆用力回击球，将对方的发球被动地"碰"过去，更容易造成回击球失误。

（五）反手推挡球

推挡是我国直拍快攻打法的基本技术之一，它在直拍左推右攻打法中占有极其重要的地位。

推挡技术的特点是站位近，动作小，速度快，变化多。它在比赛中常常会起到由被动变为主动的作用，所以推挡是乒乓球运动的最基本技术之一。

动作要领：站位近台，身体重心保持在两脚之间。击球前持拍手上臂和肘关节内收，前臂略向外旋。击球时手臂快速向前伸，手腕外旋，食指压拍，在来球反弹的上升期向前击球，触球中上部。击球后，手臂继续前送一段距离再还原。

（六）搓球技术

搓球是用类似削球的动作，在近台回击对手下旋来球的一种击球方式。搓球技术包括慢搓、快搓、摆短、搓侧旋4种技术。下面以慢搓球、快搓球和搓侧旋球技术术为例进行说明。

1.慢搓球

动作要领：站位近台，两脚左右开立。反手搓球时，向左上方引拍，拍形稍后仰。击球时，身体重心向前移动，同时前臂做旋内转动，由上向前下挥拍，在来球的下降期摩擦球的中下部。

2.快搓球

动作要领：反手快搓球时，站位近台，引拍至身体左上方。击球时，上臂迅速前伸，前臂由上向前下方用力，手腕控制拍面稍后仰，在来球的上升期击球的中上部。

3.搓侧旋球

动作要领：搓球前，球拍先迎前。搓球时，手臂向左发力摩擦球，同时手腕用力，在球的高点期或下降前期搓球中下部。

（七）攻球技术

攻球技术是乒乓球的重要技术，是得分的主要手段之一，它包括快攻、快点、快带、快拉、突击、扣杀、杀高球等技术。下面以正手快攻和正手扣杀球技术为例进行说明。

1.正手快攻

动作要领：站位近台，转腰带动前臂向后引拍。根据来球的长短距离和高低情况调节好拍面的前倾角度，加速挥拍击球。击球时间在高点期或上升期，击球时拍面稍前倾，触球的中上部，向前下方用力。球击出后，迅速还原，准备下一次击球。

2.正手扣杀

动作要领：站位的远近要视来球的长短而定，短的来球站位靠近台，长的来球站位靠中远台。击球前，腰部转动带动手臂向体侧后方引拍，加大球拍与来球之间的距离，以便获得更大的挥拍速度。击球时，拍形略前倾，在高点期或上升期击球，通过腰、腿同时发力增大扣杀力量，在手腕向前下方挥拍用力的同时，控制球的落点和方向，击球的中上部。

（八）弧圈球技术

弧圈球是以旋转为主要特征的进攻技术，是乒乓球比赛中进攻得分的主要手段。弧圈球技术的主要特点是上旋性强、稳定性高、速度快、威胁大。

1.正手拉加转弧圈球

动作要领：左脚在前，右脚在后，两膝微屈，重心落在右脚上，手臂自然下垂，拍形略前倾。当来球从台面弹起时，右脚蹬地，腰部向左上方转动，带动肩、上臂、前臂和手腕发力。在来球的下降期摩擦球的中部或中上部，击球后，身体重心移至左脚。

2.正手拉前冲弧圈球

动作要领：左脚在前，右脚在后，两膝微屈，重心落在右脚上。引拍手向右后方引拍，引拍位置比拉加转弧圈球稍高。击球时间在高点期或下降初期，拍面的前倾角度要比加转弧圈球大些，摩擦球的中上部。击球后，重心移至左脚。

（九）削球

削球技术种类很多，总体分为正手削球与反手削球两大部分。

1.正手削球

左脚稍前，身体离球台 1m 以外。击球前，手臂自然弯曲，将球拍向右上引至与肩同高，重心放在右脚上。击球时，手臂向左前下方挥动，拍面稍后仰，在下降期击球的中下部，同时手腕向下用力。击球后，球拍随势前送，重心移到左脚，然后迅速还原。

2.反手削球

击球前，右脚稍前，手臂弯曲，球拍向左上方引至与肩同高，拍柄向下，重心放在左脚上。击球时，手臂向右前下方挥动，拍面后仰，在下降期击球中下部，同时前臂与手腕加速削击来球。击球后，重心移到右脚。

五、羽毛球运动基本技术

（一）握拍法

1.正手握拍技术

以下介绍（如未做具体说明）均以右手握拍者为例，左手持拍者则反之。

一切在身体右侧的正手正拍面击球及头顶后场击球都用正手握拍法。

【动作要领】

（1）先用左手握住球拍的中杠，使拍框与地面垂直。

（2）张开右手，使虎口对准拍柄斜棱上的第二条棱线（此时眼睛从左至右可同时看见 4 条棱线），然后用近似握手的方法握住拍柄，拇指和食指贴在拍柄两侧的宽面上，其余的三指自然握住拍柄。

（3）拍柄与掌心不要贴紧，应留有空隙。握拍的位置可视个人的情况而定，一般情况下，以球拍柄端靠近手掌的小鱼际为宜。

（4）握拍力度适宜，恰似握着一个鸡蛋，重则恐破损，轻则恐滑落。

2.反手握拍技术

一切在身体左侧的反手反拍面击球都用反手握拍法。

【动作要领】

（1）在正手握拍的基础上，将球拍柄稍向外旋，拇指贴在拍柄第一斜棱旁的宽面上，也可将大拇指放在第一、二棱线之间的小窄面上，食指稍向下靠。

（2）击球时，靠食指以后的三指紧握拍柄，同时拇指前顶发力击球。

（3）为了便于发力，掌心与拍柄间要留有充分的空隙。

3.初学者常见的握拍错误

（1）虎口对在第一、三或第四条斜棱上或者拍柄宽面上。

（2）如同握拳头一样将拍柄紧紧攥住。

（3）食指按在拍柄宽面的上部，而仅用其余四指攥住球拍。

（二）羽毛球发球技术

就发球的姿势而言，有正手发球、反手发球之分，可视自己的习惯或战术的需要来选用正手或反手发球。一般情况下，单打中多采用正手发球，而在双打、混合双打中常用反手发球。

就球飞行的角度和距离而言，可将其分为后场高远球、后场平高球、后场平射球和网前小球4种。

（三）羽毛球接发球技术

接发球与发球一样，是开局至关重要的一击。接发球时应保持沉着冷静并做出准确判断，争取抓住这一机会变被动为主动。

（四）羽毛球击球技术

1. 击高远球

以较高的弧线将来球击到对方场区底线附近叫击高远球。击高远球是一切上手击球动作的基础。高远球的特点是球的弧线高、滞空时间长，其作用是逼迫对方远离中心位置退到底线去接球，一方面可减弱对方进攻的威力，为己方进攻寻找机会；另一方面是在己方被动的情况下，有较多的时间来调整站位，摆脱被动局面。

击高远球分为正手击高远球、头顶击高远球、过手击高远球、反手击高远球。

2. 网前击球

网前击球即击球位置在网前，它包括网前击球各种各样的可能性，可以细分为放网前球、搓球、挑球、推球、勾球、扑球、抹球。

作为前场击球，这些技术的动作小，所需力量也较小，特别要以巧取胜。首先要以快速、合理的上网步伐为基础，只有快速到位，争取从网的较高部位击球，才能给对方更大的威胁。

六、网球运动基本技术

（一）握拍法

在所有的网球技术中，最基本的就是握拍法，它能直接影响球拍接触球的角度。目前，世界上最流行的握拍法有两种：东方式和西方式。专家在总结教学实践经验后得出结论，业余网球的基本技术首先应从东方式正手击球技术开始，这样效果最好、掌握最快。所以，在此只向大家介绍东方式握拍的方法。

1. 正手握拍法

用左手握住拍颈，使拍面与地面垂直，拍柄底部正对身体，右手掌展开，放在拍面上，然后慢慢向拍柄底部滑动，掌握到拍柄底部后，五指自然分开，像握手一样握住拍柄。东方式握拍又称握手式握拍，此时由拇指与食指形成的"V"形虎口对准拍柄把手的右上斜面。

2. 反手握拍法

东方式反手握拍法是从正手握拍法把手向左转动（或把拍子向右转动），使拇指与食指形成的"V"字形对准拍柄的左上斜面。

（二）击球

击球是指球员站在后场或端线附近击打从地面反弹后的球，包括正手击球和反手击球。

（三）发球

发球是比赛的开始动作，也是唯一由自己控制而不受对方干扰的击球动作，高质量的发球可直接得分。根据速度、旋转、落点变化不同，可分为平击发球、大力发球、切削发球和旋转发球。

（四）接发球

接发球是网球运动中的一项重要技术，只有接发球成功，才有打第二拍、第三拍的可能。网球的发球和接发球由于分别是比赛双方的第一拍，在很大程度上对该方的胜负起决定性的作用。

1. 握拍

接发球时，握拍要松弛，引拍和前挥也要保持松弛，但从球拍接触球的一刹那，要紧紧握住球拍，特别是拇指、无名指和食指要用力抓拍。加之手腕固定，保证拍面稳定，即使不能有力还击对手凶猛来球，也可用牢固的拍面顶住来球，或者以合适的角度控制还击方向。

2. 技术要领——站位与准备

一般情况下，取位于单打边线附近、底线后 0.5 ~ 1m 的地方就可以了，如果偏离单打边线太远，就会给自己造成防守上的空虚；同时不能站得离底线太远或站到场地里面去。一发和二发应该有所不同，对方第一次发球时多采用大力发球，站位应偏后一些，如果是第二次发球时可略向前移，利于采取攻击性的还击。

3. 引拍

击球时动作与正常抽击球等击球技术基本相同，只是没有明显的后引，特别是对快速来球，回球多数采用阻挡式动作，与截击球技术差不多，引拍动作不要做过大，主要是控制好拍面角度并握紧球拍以免拍面被震转动。判断来球，迅速移动，向预测击球点起动时，双肩与身体重心同时移动，并向击球方向踏出异侧步，转肩时要使肘部离开身体，持拍臂腋下大约有一个球的空隙。

4. 击球

向前挥击时尽量使拍子运行轨迹由高处向下再向上，但上下幅度要小。击球点在体前稍侧略高于胸部位置。

5. 随挥

击球后很少有随挥动作，拍头梳起，打势结束在较高处。身体重心停在前脚掌上，后脚可以略抬起，一般不要离开地面。

6. 还原

接球后应迅速复位，准备好姿势，再次迎接对方击过来的球。

（五）截击球

截击球是在球落地之前便将球在网前击回对方场区。它通常速度快、力量大，具有较大的威胁性，在高水平的比赛中，常以主动上网截击控制对手。网前截击分为正手截击和反手截击。

第六章 有氧运动项目的科学化训练

第一节 有氧运动的基本知识

一、有氧运动的概念

从本质上来讲，有氧运动指的是较长时间开展的运动或耐力运动，能够有效、充分地锻炼练习者的心、肺，也就是练习者的血液循环系统与呼吸系统，使其心肺功能得到提高，进而保证身体的各组织器官都能够获得充分的营养供应与氧气，使得练习者维持最佳的身体功能状态。所以，有氧运动含义中所指的较长时间最好能超过 20 分钟，且维持在 30~60 分钟，并且其运动形式应该对练习者心肺功能的提高起到一定的促进作用。常见的有氧运动形式有步行、慢跑、原地跑、骑自行车、游泳、有氧健身操，等等。而短跑、举重、静力训练或健身器械等运动，一般被称作无氧运动。虽然它们能够使人的肌肉与爆发力得到增强，但是，之所以说无氧运动的健身效果没有有氧运动理想，主要是因为无氧运动不能使练习者的心肺功能得到有效刺激。

二、有氧运动的特性

在有氧运动开展的过程中，机体的吸氧量同机体消耗的氧气量大致是相符的，在运动的过程中只有这样，才能够使练习者始终处于"有氧"的状态下。同时，在时间短与强度高的情况下有一些运动也能够完成。但在实际运动的过程中，练习者吸入的氧气量同其消耗的需求很难相适应，换句话说，练习者机体内部会呈现出"入不敷出"的氧气状态，如果练习者长期处于这种"缺氧"的状态，从事这样的无氧运动，十分不利于练习者机体的健康发展。

有氧运动会消耗机体的氧气，将一种不至于上气不接下气，但是会有轻微气喘的感觉带给练习者；有氧运动会虽然不至于使练习者大汗淋漓，但是会轻微出汗；有氧运动不会使人感觉到肢体的疲劳感，但能舒展练习者的全身。一种好的有氧运动，并不是上肢或者下肢的局部运动，而是一种全身性运动。如果能够在悦耳的、有氧的音乐背景中开展有氧运动，那么对于练习者长时间的投入是有利的，能够取得更加良好的锻炼效果。所以，对于有氧运动的特性，笔者进行了如下的总结：

（一）需要较长时间开展的运动

有氧运动是一种需要较长时间开展的运动，最佳持续时间应该保持在 30~60 分钟，而练习者体内的糖或脂肪等物质的氧化为运动提供了所需要的能量。

（二）一种全身性的肌肉活动

对于有氧运动而言，练习者机体全身参加的肌肉越多，那么锻炼的效果就越好，最佳状态是 1/6~2/3 的肌肉群。反之，如果练习者开展的是小肌肉的局部性运动，就容易导致局部疲劳的发生，可能会中断运动过程；同时，足够的氧气消耗量是很难达到的，更不要说促进血液系统、呼吸系统与循环系统的改善与提高了。

（三）具备一定的强度

对有氧运动而言，应该在某一个特定的强度范围内保持，最好是在中等强度、低等强度之间，同时应该保持 20 分钟或者是更长的时间。

（四）具有一定的律动性

有氧运动实际上是一种肢体的律动性活动。如果运动是具有律动性的，那么就很容易对运动强度进行控制，只有这样，才能够在适宜的有氧运动强度范围内维持合适的运动强度，进而获得最佳的效果。反之，如果运动是断续性的，那么就会存在较大的强度变化，从而无法取得理想的运动效果。

第二节　有氧运动中各个项目的科学化训练

一、健身走

走是人们生活中最基本的运动形式之一，也是人们最早掌握的健身方法。千百年来，走这项运动长盛不衰，原因是它不分年龄、性别、体质强弱，不受场地器材的限制，只要坚持就能强身健体、防治疾病、延年益寿。

（一）健身走的锻炼价值

世界卫生组织在 1992 年明确指出，世界上最好的运动是步行。步行时，由于下肢肌肉和机体许多肌肉得到活动，可防止肌肉萎缩。科学研究表明，坚持步行的人比一般人腿部肌肉群收缩增多。步行速度越快、时间越长、路面坡度越大则负担越重，表现为心肌加强收缩、心跳加快、心排血量增大，这对心脏是一种有效的锻炼。医学家认为，一般人一天之内行走不应少于 60 分钟的路程，相当于 5 千米。每天步行少于 1 小时的男子，心脏局部贫血率比每天步行 1 小时以上的男子高出 4 倍。

饭前饭后走步，不仅能增加食欲，促进消化，还能有效地防治糖尿病。唐代著名医学家孙思邈说"食毕当步行""行三里二里及三百二百步为佳""令人能饮食无病"。现代医学证实，步行能提高机体新陈代谢率。糖尿病患者徒步旅行一天，血糖可降低 60mg。轻快散步还可以缓解神经肌肉紧张，改善大脑的血液循环，因而可有效地发挥脑细胞功能。

（二）健身走的基本技术

健身走看似简单，却蕴藏着巨大的学问。掌握健身走的基本技术，形成正确的走姿，可以有效地增强体质和健美形体。

（1）走路时头要正，目要平，躯干自然伸直，沉肩，胸腰微挺，腹微收。这种姿势有利于经络畅通、气血运行顺畅，使人体活动处于良性状态。

（2）步行时身体重心前移，臂、腿配合协调，步伐有力、自然，步幅适中，两脚落地要有节奏感。

（3）步行过程中呼吸要自然，应尽量注意腹式呼吸的技巧，即尽量做到呼气时稍用力、吸气时要自然、呼吸节奏与步伐节奏要配合协调，这样才能在步行较长距离时减少疲劳感。

（4）步行时要注意紧张与放松、用力与借力之间相互转换的技巧，即可以用力走几步，然后再借力顺势走几步，这种转换可大大提高走步的速度，并且会感到轻松，节省体力。

（5）步行时，与地面相接触的那只脚要有一个"抓地"动作（脚趾内收），这样对脚和腿有促进微循环的作用。

（6）步行快慢要根据个人具体情况而定。研究发现，以每分钟走 80 ~ 85 米的速度连续走 30 分钟以上时，防病健身作用最明显。

（三）健身走的方式

1. 自然步法

自然步法分缓慢走（每分钟 60 ~ 70 步）、普通走（每分钟 70 ~ 90 步）和快速走（每分钟 90 ~ 120 步）。缓慢走和普通走适用于一般保健，每次 30 ~ 60 分钟。患有冠心病、高血压、脑中风后遗症或呼吸系统疾病的老年人应减为每次 20 ~ 30 分钟。快速走适用于一般健身，每次 30 ~ 60 分钟。因快速走运动强度稍大，故适合需增强心脏功能者和减肥者采用。

2. 摩腹散步法

摩腹散步法即在散步时，两手柔和地旋转按摩腹部，每走一步按摩一周，正转反转交替进行。我国传统保健将之列为腹功，认为"两手摩腹移行百步除食滞"，此法可促进胃液的分泌和胃肠道的蠕动，有助于防治消化不良和胃肠道疾病。每天坚持摩腹散步，对保持优美形体和消除腹部脂肪也有良好的效果。

3. 倒行法

预备姿势：立正、挺胸、抬头、平视、双手叉腰，拇指向后，按腰部的"肾俞"

穴位，其余四指向前。倒行时，左脚开始，左大腿尽量向后抬，然后向后迈出，全身重心后移，前脚掌着地，重心移至左脚，再换右脚交替进行。为了安全应选择场地平坦、周围无障碍物的地方进行。

由于日常生活中躯体向前活动量超过向后的活动量，加上躯体俯仰活动不平衡，背伸活动较少，因此人体易形成姿势性驼背和四肢关节功能障碍及腰肌劳损。而倒行法锻炼能使腰部肌肉有规律地收缩或放松，有利于腹部的血液循环改善，加强腰部组织新陈代谢。长期进行倒行锻炼，可以防治腰肌劳损、姿势性驼背，有利于保持人的形体健美和增强运动能力。

4. 摆臂步行法

以每分钟 60 ~ 90 步步行，两臂用力前后摆动，可增加肩部和胸廓的活动。适用于有呼吸系统慢性病的患者。

5. 竞走法

躯干保持直立或稍向前倾，两臂弯 90° 左右，配合两腿前后摆动。先脚跟着地，然后滚动全脚掌落地，膝关节要伸直。脚落地后，身体顺惯性前移，当支撑腿垂直于地面时，摆动大腿向前摆，小腿随大腿向前摆出，此时摆动腿带动同侧髋关节向前送出。竞走法适用于中青年人，可增强人的耐力和关节灵活性。也可用于散步之间进行短暂调剂，以减少因长期用一种姿势走路造成的疲劳，增加健身走的乐趣。

6. 爬楼健身法

大步地蹬跨楼梯，可使大腿肌肉得到充分的锻炼；用脚掌轻快地逐级快下，可同时锻炼左右脑；小步匀速地上楼，可使上肢、腰、背、腿部等关节参加运动，促进心率加快，肺活量增大。

登楼梯是一项较激烈的有氧锻炼形式，锻炼者需具备良好的健康状态，一般采用走、跑、多级跨越和跳等运动形式。锻炼者可根据自己的身体状况和环境条件，选择适合自己的锻炼方法。初练者宜从慢速并持续 20 分钟开始，随着体能的提高，逐步加快速度或延长持续时间。当体能可耐受 30 ~ 40 分钟时，即可逐步过渡到跑、跳或多级跨楼梯。

对于有氧健身走而言，其基本技术除了有上述的几种，还有脚跟走法、蹬腿走法、边聊边走法，等等。

（四）健身走的要求

1. 应精神放松

古人认为行走"须得一种闲暇自如之态"。尽量使精神放松，才能起到调剂精神、解除疲劳的作用。

2. 注意选择适当的时间和地点

一是饭后一小时为宜，清晨、傍晚、临睡前都可步行；二是选择最佳环境，健身走的地点最好选择车辆少、树木多、空气新鲜的地方，如河边、湖边、海边等，道路宜平坦。如因身体状况不佳，也可在家中进行，步行同样时间，但要保证空气新鲜。

3. 要持之以恒

为了达到健身目的，步行时间以每天 30 ~ 60 分钟为宜。要天天坚持，持之以恒，使 60 分钟制度化。然而，毕竟不是所有人每天都能抽出一个小时专门去进行锻炼，那么要在日常生活、工作和学习中寻求不同途径多走多动。例如，上学上班以步代车，步行购物选较远的商店，或者越过电梯不乘，选择登楼梯来代替，等等。因此，一日 60 分钟步行不必一次走完，可分成 2 次或 3 次。

4. 速度要适中

步行的速度取决于自己的健康状况，可慢可快，或者不快不慢的中速。刚开始锻炼，以慢速为宜，即每分钟 60 ~ 70 步，每小时 3 ~ 4 公里。锻炼两周后可采用中速，即每分钟 70 ~ 90 步，每小时 4 ~ 5 公里。第四周后可采用快速，即每分钟 90 ~ 120 步，每小时 5 ~ 7 公里。每一次健身走最好匀速进行，不要时快时慢或走走停停。

5. 控制好距离

步行的距离需根据年龄或健康状况来决定。开始时可进行短距离散步，然后每周增加一些距离。缓慢增加是最理想的锻炼方法，切不可急于求成。

6. 注意衣着

最好穿运动衣、运动鞋步行。

7. 运动量要适宜

健身走运动量的控制主要靠脉搏、睡眠、食欲及身体反应等自我感受来决定。如以心率为标准，步行时宜保持在大约 120 次 / 分。睡眠好、食欲佳、身体无不适，说明步行量适宜。不管选用何种方法，其运动量、运动强度都应依每个人的健康状况而定。勿操之过急，应循序渐进、持之以恒。

二、健身跑

健身跑是通过跑步有效地增强身心健康的一项群众性健身活动。它虽然不那么吸引人，但确实是最简单、最有效的有氧运动。

（一）健身跑的锻炼价值

健身跑的锻炼价值主要表现在以下几方面：

1. 可以保护心脏

跑步锻炼可以使冠状动脉保持良好的血液循环。长期练习跑步的人，冠状动脉不会因年龄增长而缩窄，保证有足够的血液供给心肌，从而可以预防各种心脏病。

2. 能够加速血液循环，调整血液分布，消除瘀血现象，提高呼吸系统功能

跑步是一项全身性的健身运动，能有力地驱使静脉血液回流，减少下肢静脉和盆腔瘀血，预防静脉内血栓形成。另外，跑步时加强了呼吸力量，加大了呼吸深度，有效地增加了肺的通气量，对呼吸系统有良好的影响。

3. 能够增强神经系统的功能，消除脑力劳动者的疲劳，预防神经衰弱

跑步可以调整大脑皮层的兴奋与抑制，也对调整人体内部平衡、调剂情绪、振作精神有一定的作用。

4. 能够促进人体新陈代谢，控制体重，预防肥胖症

跑步要消耗能量，促进机体新陈代谢，是中老年特别是中年人减肥的极好方法。同时跑步也能改善脂质代谢，预防血内脂质过高，可以防治高脂血症。

（二）健身跑的基本技术

1. 跑步的姿势

跑步时姿势正确，才能跑得快而省力。其上体要正直微前倾，头与上体在一条直线上，不要左右摇晃。两臂的摆动除了保持身体平衡外，还能帮助两条腿的蹬地和摆动，加快跑的速度。摆臂时两臂稍离躯干，前后自然摆动；两手自然半握拳，肘关节要适当弯曲，以肩关节为轴，尽量做到前摆不露肘，后摆不露手，并且注意不要低头、弯腰和端肩。两腿后蹬是推动身体前进的动力，后蹬时应积极有力，髋、膝、踝三关节充分伸直。腿的前摆可以加大跑的步伐，前摆时大腿放松，顺惯性向前成自然折叠。

2. 跑步的呼吸

跑步是一项消耗体力比较大的运动。在跑步过程中，要通过肺脏吸收大量氧气和排出二氧化碳。肺的换气量是否充分，呼吸动作是否正确，是疲劳出现迟早的关键。跑步时最好用鼻呼吸，在呼吸深急的情况下，也可用口协助呼吸。呼吸要慢而深，有一定的节奏，一般是两步一呼两步一吸，也可以三步一呼三步一吸。随着跑的速度加快，呼吸深度应加深，节奏加快，以满足身体对氧气的需要。

在进行强度较大的跑步练习时，呼吸频率增加很快，初学者往往会感到呼吸困难。要防止呼吸困难现象的出现，首先要适当安排运动强度和负荷量，要从实际出发，量力而行；其次要注意呼吸动作，调整呼吸节奏和加大呼吸深度。

（三）健身跑的方式

1. 慢速放松跑

慢速放松跑较简单，慢的程度可以根据自身体质而定，老年人或体弱者可以比走步稍快一点，呼吸以不喘大气为宜。全身肌肉放松，步伐轻快，双臂自然摆动。在跑步开始时应注意呼吸的深、长、细、缓，有节奏。运动时间一般以每天20 ~ 30分钟为宜，每周5 ~ 6次，也可隔一天一次。

2. 变速跑

变速跑就是在跑的过程中，快跑和慢跑交替进行的一种跑法，它适合体质较好的锻炼者。变速跑可根据自己的身体状况随时改变速度。如可慢速跑与快速跑交替，或中速跑与快速跑交替，等等。随着锻炼水平的提高，逐渐提高变速跑的速度，逐渐增大运动量，以最大限度地发挥健身跑的作用。

3. 跑走交替

此方式适合初学初练者或体弱者采用。通过十几周走跑交替的锻炼，就可以连续跑 15 分钟，几个月后就可以连续跑几公里了。

在跑走交替的锻炼方式中，也可以做一些变化，如可以跑跳交替，即跑一段后跳上 3 ~ 5 次，再跑一段，再跳 3 ~ 5 次。这样可使肌肉关节在长时间墨守成规的活动中得到休息，可缓解疲劳，同时可锻炼弹跳力，增加跑步乐趣。

4. 定时跑

定时跑有两种。一种是每天必跑一定时间而不限速度的跑步。如第一阶段：适应期 10 ~ 20 周，每周 3 次，每次连续跑 15 分钟。第二阶段：适应期 6 ~ 8 周，每周 3 次，每次 30 分钟；巩固期 4 周，每周 3 ~ 5 次，每次 30 分钟。身体允许进行更大强度锻炼的年轻人，还可以每周跑 3 次，每次 45 分钟，最长可达 60 分钟。另一种是限定在一段时间内跑完一定距离的方法，开始时，可限定较短时间跑完较短距离，如在 5 分钟之内跑完 500 米。以后随着体质水平的提高可缩短时间加快跑的速度，或延长距离加快速度，以提高速度耐力素质。

5. 跑楼梯

跑楼梯是一种时尚的健身健美项目。经医学论证，它既是一项增强心肺功能的全身性有氧运动，又是一项可以灵活掌握运动量、无须投资及男女老幼皆宜的锻炼方法，也是一项日常生活中去脂减肥的健身新招。跑楼梯要求腰、背、颈部和肢体不间歇地活动，肌肉有节奏地收缩和放松，可促进肺活量，加速血流，改善代谢和增强心肺功能。

6. 越野跑

凡在公路、田野、山地、森林等进行健身跑锻炼的，都可以称为越野跑。由于越野跑将运动和自我锻炼结合起来，所以越野跑的健身效果更佳。

参考文献

[1] 王丹，周岳峰，陈世成．高校体育理论知识与实践研究 [M]．长春：吉林人民出版社，2021．

[2] 王冬枝．高校体育教学与大学生体育运动管理 [M]．长春：吉林人民出版社，2022．

[3] 王伟鹏．高校体育教学开展体能训练的必要性及对策 [J]．水利水电科技进展，2022，42(3)．

[4] 王志楠．基于"学，练，赛，评"的学校体育教学设计与实施 [J]．冰雪体育创新研究，2022(13):4．

[5] 王丽丽，许波，李清瑶．教育技术在高校体育教学中的实践探索 [M]．长春：吉林人民出版社，2021．

[6] 王威．高校体育教学与运动训练研究 [J]．体育世界，2022(7):3．

[7] 王铁君．体育教育专业教学技能训练体系的建构研究 [J]．科教导刊 (电子版)，2019(34)：244．

[8] 王海燕．现代体育教学功能实现与创新应用 [M]．北京：中国书籍出版社，2021．

[9] 王德文．项群理论视角下教学策略倾向对教学效果影响因素的实验研究 [J]．体育科技文献通报，2020，28(2):2．

[10] 王薇，黄德彬，轩志刚．球类项目教学与运动训练 [M]．长春：吉林人民出版社，2021．

[11] 正德职业技术学院体育部，付江平．融合技能的健康体适能训练与高校体育课程教学 [J]．内江科技，2020(9)：128-129．

[12] 叶晓阳．体育教学理论与实践探索 [M]．北京：人民体育出版社，2022．

[13] 付彦．羽毛球教学训练中运动技能迁移的应用分析 [J]．灌篮，2022(30)．

[14] 任龙云．体育教学中技能训练与课程理论的结合——评《体育教学设计与实践研究》[J].中国教育学刊，2021(10)：119.

[15] 刘哲．游戏教学法在体育教学中的应用 [J].科学技术创新，2022(31).

[16] 刘磊．思维引导法在高校体育教学与训练中的实践应用分析 [J].灌篮，2022(2):3.

[17] 刘馨．田径运动训练中训练量与训练强度的关系研究 [J].体育世界，2022(8):3.

[18] 李志超．高校体育教学技能训练中微格教学的运用 [J].尚舞，2021(13)：86-87.

[19] 李响．运动技能迁移在田径教学与训练中的运用 [J].当代体育科技，2022，12(27):4.

[20] 李航羽．体育教育运动训练中的思维模式转变探析 [J].运动—休闲：大众体育，2022(3):59-61.

[21] 李雪．高校体育课堂教学中的技能训练实施路径：评《体育课堂教学技能训练》[J].热带作物学报，2021(4)：1212.

[22] 李锋．着眼体育教学技能理论 放眼体育教学技能训练：评《体育教学技能训练》[J].当代教育科学，2019(6)：2.

[23] 李磊，段宗宾，张春超．高校体育教学及其专业人才培养研究 [M].北京：中国农业出版社，2022.

[24] 杨一帆．大学生游泳教学的技巧与技能训练方法研究分析 [J].当代体育，2021.

[25] 吴金殷，潘迪．试论技能教学中的"难度负荷"及其运用 [J].运动—休闲：大众体育，2022(19):3.

[26] 吴钧．大学体育教学中篮球体能训练中的技巧 [J].冰雪体育创新研究，2022(16):4.

[27] 吴强化．核心力量训练在背向滑步推铅球技术教学中的运用研究 [J].四川体育科学，2022，41(5):3.

[28] 余多庆. 体育教学反思技能训练研究 [J]. 当代体育科技，2015(26)：51-52.

[29] 余腾飞. "阳光体育" 视角下高校体育教学与运动训练探讨 [J]. 成才之路，2022(24):4.

[30] 沙冕. 体育教学技能的理论突破和实践创新——评《体育教学技能训练》[J]. 中国教育学刊，2018(7)：115.

[31] 张柏铭. 高校体育理论课程教学与实践教学探析——评《体育教学与模式创新》[J]. 中国教育学刊，2022(9):1.

[32] 张琴，佘竞妍. 乒乓球机器人辅助教学与训练 [M]. 北京：科学出版社，2021.

[33] 张斌. 高校体育篮球教学改革研究 [M]. 北京：北京出版社，2021.

[34] 陈勇. 高校体育教学信息化发展分析——评《信息化教学技术与技能训练》[J]. 中国科技论文，2019(9)：1057.

[35] 陈晓奕. 高校篮球教学与训练的创新方法探析 [J]. 拳击与格斗，2022(10):3.

[36] 周红萍，苏家福. 手机与网络对接下的体育教学技能训练模式设计 [J]. 湖北文理学院学报，2013(8)：26-29.

[37] 周红萍，苏家福. 体育教学技能训练项目化设计 [J]. 湖北文理学院学报，2015(5)：77-80，84.

[38] 郑原，王云涛. 卓越体育教师足球技能培养理论与实践 [M]. 武汉：华中科学技术大学出版社，2021.

[39] 胡存锋. 关于体育教学中短跑项目教学方法与技能训练探讨 [J]. 教育科学（引文版），2017(12)：95-96.

[40] 段宗宾，李磊，李王杰. 现代体育教学理论研究与实践创新 [M]. 北京：中国农业出版社，2021.

[41] 贾婧. 团队式教学法在高校篮球训练中的应用研究 [J]. 文体用品与科技，2022(5):8-10.

[42] 龚博琦，王志强，彭金根. 高校体育教育专业田径专修学生专项能力评价指标体系构建研究 [J]. 武汉体育学院学报，2022，56(7):9.

[43] 韩子默. 高校足球教学中培养学生战术意识的途径 [J]. 当代体育科技，2022，12(21):4.

[44] 韩晓斌. 高校科学化课程教学的路径研究——以足球训练为例 [J]. 当代体育科技，2022，12(16):4.

[45] 舒思佳，袁芳，张丽，等. 运动技能迁移在体育教学训练中的应用 [J]. 体育风尚，2021(3)：202-203.

[46] 温正义. 高校体育教学与大学生体育实践能力培养研究 [M]. 北京：北京工业大学出版社，2021.

[47] 裴金妮. 体育教学训练中运动技能迁移的应用研究 [J]. 冰雪体育创新研究，2021(20)：163-164.